5월의 모든 역사

세계사

세계사

5月

5월의 모든 역사

● 이종하 지음

디오네

매일매일 일어난 사건이 역사가 된다

역사란 무엇일까. 우리는 왜 역사에 관심을 갖는 것일까.

이 책을 쓰는 내내 머릿속을 맴돌던 질문이다.

아널드 토인비는 역사를 도전과 응전의 개념으로 설명한 바 있다. 그것은 인류사 전체를 아우르는 커다란 카테고리를 설명하기에는 더없이 좋은 개념이다. 그러나 미시적인 문제로 들어가면 이야기가 달라진다. 나일 강의 범람 때문에 이집트에서 태양력과 기하학, 건축술, 천문학이 발달하였다는 것은 도전과 응전으로 설명이 가능하지만, 예술사에서 보이는 사조의 뒤섞임과 되돌림은 그런 논리만으로는 설명이 안 된다.

사실 역사란 무엇인가에 대한 관심은 대학 시절 야학 교사로 역사 과목을 담당하면서 싹텄다. 교과서에 나와 있는 대로 강의를 하는 것은 죽은 교육 같았다. 살아 있는 역사를 강의해야 한다는 생각에 늘 고민이 깊었다. 야학이 문을 닫은 후에 뿌리역사문화연구회를 만든 것도 그런 고민을 해결하지 못했기 때문이다.

약 10년간 뿌리역사문화연구회를 이끌면서 '어린이와 청소년을 위한 교실 밖 역사 여행' '어린이 역사 탐험대'를 만들어 현장에서 어린이와 청소년을 만났다. 책으로 배우는 역사와 유적지의 냄새를 맡으며 배우는 역사는 느낌이 전혀 달랐다. 불이학교 등의 대안학교에서 한국사 강의를 맡았을 때도 그런 느낌은 피부로 와 닿았다.

그렇다고 역사를 현장에서만 접해야 한다는 것은 아니다. 역사 자체는 어차피 관념 속에 있는 것이며, 그것이 우리에게 구체적으로 구현되는 것은 기록을 통해서이기 때문이다. 역사는 과거이며, 그 과거는 기록으로 존재한다. 그러나 현재에 펼쳐진 과거의 기록은 현재를 해석하는 도구이고, 결국 미래를 향한다.

이 책은 매일매일 일어난 사건이 역사가 된다는 사실에 기초하여, 1월 1일부터 12월 31일까지 일어난 중요한 사건들을 날짜별로 기록한 것이다. 사건의 중요도에 따라 집필 분량을 달리하였으며, 『1월의 모든 역사 – 한국사』『1월의 모든 역사 – 세계사』처럼 매월 한국사와 세계사로 구분하였다. 1월부터 12월까지 총 24권에 걸쳐 국내외에서 일어난 중요한 역사적 사실들을 흥미진진하게 담았다.

이 책에 나와 있는 날짜는 태양력을 기준으로 하였다. 음력으로 기록된 사건이나 고대의 기록은 모두 현재 사용하는 태양력을 기준으로 환산하여 기술하였다. 고대나 중세의 사건 가운데에는 날짜가 불명확한 것도 존재한다. 그것들은 학계의 정설과 다수설에 따라 기술했음을 밝힌다.

수년에 걸친 작업이었지만 막상 책으로 엮으니 어설픈 부분이 적지 않게 눈에 들어온다. 앞으로 그것들은 차차 보완을 거쳐 이 시리즈만으로도 인류 역사의 대부분을 일견할 수 있도록 만들고 싶다.

이 책을 쓰다 보니 매일매일을 성실하게 노력하며 살아야겠다는 생각이 든다. 매일매일의 사건이 결국 역사가 되기 때문이다.

이종하

차례

5월의
모든 역사

5월 1일

■
·
■

1886년 5월 1일

미국 노동자들이 하루 8시간 노동을 위해 총파업에 돌입하다

수백만의 노동자들이

드디어 잠에서 깨어났노라.

그들의 행군을 보라.

모든 압제자들이 떨고 있고

저들의 권력도 사라지고 있다.

그대 노동자들이여!

요새를 향해 전진하여라.

승리를 위해,

압제자의 법 같은 건 쓸어버리고

모든 사람의 평등한 권리를 위해.

-「노동자들의 노래」

자본가들은 자기들이 기르고 있는 애완견에게 1만 5,000달러짜리 다이아몬드가 박힌 목걸이를 걸어주었다. 반면에 노동자들은 일주일에 고작 7달러의 임금을 받으며 허름한 옷을 입고 공장에서 기계를 돌렸다.

금이빨을 한 자본가들이 별식으로 원숭이 고기를 뜯고 100달러짜리 지폐로 담배를 말아 피고 있을 때, 아침을 거른 노동자들은 새벽 5시에 일어나 3km를 걸어 공장으로 갔다.

이런 상황에서 1886년 5월 1일, 마침내 미국노동총연맹AFL을 중심으로 미국의 노동자들이 하루 8시간 노동을 위해 횃불을 들고 노래를 부르며, 집회와 시위를 벌였다.

시카고에서 8만 명의 노동자들이 모이는 등 미국 전역에서 총 34만여 명의 노동자가 시가행진에 참가하였다. 그들은 8시간 노동, 8시간 휴식, 8시간 교육을 주장하였다. 이날 노동자들의 시위로 공장에서는 망치 소리와 기계 소리가 들리지 않았고, 노동자들을 상대로 한 식당과 가게는 문을 닫았다. 노동자들이 노동을 멈추자 도시가 멈추었고 미국이 멈추었다. 멀리서 회사의 사장과 비서 들이 노동자들의 행진을 지켜보았지만 그들이 공장을 돌릴 수는 없었다.

노동자 스스로 자신의 힘을 확인하는 감격스러운 순간이었다. 경찰이 시위를 막으려 했지만 수많은 노동자들의 행진을 막지는 못하였다. 이날의 시위는 평화롭게 끝났다.

하지만 5월 3일이 되자 상황은 급반전됐다. 뭔가 터질 듯한 암울한 분위기에서 결국 경찰들이 시위 중이던 '맥코믹 농기계 공장' 노동자들에게 총을 쏘아 6명을 죽였다. 그중에는 어린 소녀도 있었다.

다음 날인 5월 4일 시카고 헤이마켓 광장에서 경찰의 폭력에 항의하는 집회가 열렸다. 집회가 끝나갈 무렵 180명의 경찰들을 이끌고 경찰서장이 앞으로 나오더니 해산할 것을 명령하였다. 노동자들은 평화로운 시위라고 반발하며 해산을 거부하였다.

잠시 숨 막힐 듯한 긴장이 감도는 순간 어디선가 번쩍하면서 커다란 폭음이 들려왔다. 누군가가 폭탄을 던진 것이다. 경찰들은 미친 듯이 몽둥이를 휘둘러댔다. 이에 노동자들이 대응하면서 서로 간에 난투극이 벌어졌다. 그 결과, 경찰 7명이 숨졌다. 흥분한 경찰은 노동자들에게 대응사격을 가해 200여 명의 사상자가 났다. 자본가들과 언론에서는 바로 보복해야 한다고 주장했다. 결국 시위를 주동한 무정부주의자 8명이 경찰관 살해를 지시하였다는 혐의로 재판에 회부되었다.

재판이 벌어졌지만 재판이 아니라 재판을 빌린 살인이었다. 이들은 무정부주의자라는 공통점이 있었지만 헤이마켓 사건과 관련해서는 죄가 될 만한 증거가 없었다. 하지만 최종 판결에서 4명에게는 교수형이, 3명에게는 종신형이 선고되었다. 한 명은 감옥 안에서 자살하였다.

"만약 당신들이 우리들을 처형함으로써 노동 운동을 쓸어버릴 수 있다고 생각한다면 우리의 목을 기꺼이 내놓겠다. 그렇다. 당신들은 하나의 불꽃을 짓밟아 버릴 수 있다. 그러나 당신의 앞에서, 뒤에서, 그리고 옆에서 불꽃은 꺼질 줄 모르고 들불처럼 타오르고 있다. 당신들은 이 들불을 끌 수 없을 것이다. 소크라테스, 예수 그리스도, 조르다노 브루노. 나도 진리를 말하다 죽은 그들을 따르겠다. 어서 사형집행인을 불러라."

시위를 주동했던 어거스트 스파이즈(August Vincent Theodore Spies : 1855~1887)는 최후진술을 마치고 형장의 이슬로 사라졌다. 이들의 사형이 집행되자 영국의 소설가 조지 버나드 쇼(George Bernard Shaw : 1856~1950)는 이런 말을 던졌다.

"우리가 8명의 노동자를 잃는 것보다는 차라리 일리노이 주 대법원의 법
관 8명을 잃는 편이 더 낫다."

이후 프랑스 혁명 100주년을 기념하여 1889년 7월 프랑스 파리에서 제2 인터내셔널 설립 대회가 열렸다. 그 자리에서 8시간 노동 쟁취를 위해 노력했던 미국 노동자의 투쟁을 전 세계로 확산시키기 위해 매년 5월 1일을 세계 노동절로 지정해 지키기로 결정하였다.

그리고 1890년 5월 1일에 세계의 모든 나라와 도시에서 8시간 노동 확립을 요구하는 국제적인 시위를 조직하기로 결의했다. 이에 세계 노동자들은 "만국의 노동자여 단결하라!"고 외치며 각국 노동자들의 형편에 맞게 제1회 노동절 대회를 치렀다.

이후 세계 여러 나라에서는 노동자의 단결을 과시하는 5월 1일을 국제적인 기념일로 지켜오고 있다.

한편 1893년에 헤이마켓 사건에 대한 재조사가 이루어져 이 사건이 노동 운동을 탄압하기 위해 자본가들이 꾸며낸 것임이 밝혀졌다. 결국 이들은 무죄임이 증명되었지만 그들의 목숨을 찾아올 수는 없었다.

1707년 5월 1일

잉글랜드와 스코틀랜드가 합병하여
대영제국이 성립하다

"옛날 옛적에 남쪽에 게으름뱅이들이 살았는데, 이 게으름뱅이들이 너무 너무 멍청하고 못생겨서……."

북쪽 지방의 스코틀랜드 할머니는 아이들에게 옛날이야기를 들려줄 때 흔히 처음을 이렇게 시작했다. 이 말에는 남쪽의 잉글랜드 사람들을 비아냥거리는 말투가 들어 있었다.

13세기 말에 잉글랜드와 맞서 싸운 스코틀랜드의 영웅 윌리엄 월리스(Uilleam Uallas : 1272?~1305)의 일대기를 그린 영화 「브레이브 하트 Braveheart」에서도 알 수 있듯이 스코틀랜드와 잉글랜드는 사이가 좋지 않았다.

스코틀랜드에는 켈트족 계통의 여러 왕국이 있었으나, 11세기 무렵 스코트인이 지배하면서 통일 왕국이 성립되었다. 하지만 남쪽의 잉글랜드와는 분쟁을 계속하였다. 그러다가 1603년 잉글랜드 왕 엘리자베스 1세(Elizabeth I : 1533~1603)가 죽자 혈통에 따라 스코틀랜드의 제임스 6세(James VI : 1566~1625)가 잉글랜드를 통치하였다.

그리고 명예혁명 후인 1707년 5월 1일, 앤 여왕(Queen Anne : 1665~1714)이 양국의 의회를 통합하면서 연합 왕국을 형성하였다. 이로써 에든버러에 있었던 스코틀랜드 의회는 폐지되었고, 스코틀랜드에서 귀족원 의원 16명과 서민원 의원 45명이 런던 의회에 참가하게 되었다. 이

때 나라 이름도 대영제국United Kingdom of Great Britain이라고 명명하였다.

　현재 스코틀랜드와 잉글랜드는 서로 다른 자치법으로 통치되고 있다. 지금도 사이가 좋지 않아, 심지어 잉글랜드와 프랑스의 축구 시합이 있으면 스코틀랜드 사람들은 프랑스를 응원한다고 한다.

—

1993년 5월 1일

스리랑카 대통령 프레마다사 피살

—

　인도 남동쪽에 있는 스리랑카는 인구의 74%를 차지하는 다수파인 싱할리족과 소수파인 타밀족 사이의 갈등으로 1983년부터 내전이 계속 되고 있었다.

　싱할리족이 중심이 된 스리랑카 정부가 타밀족의 토지를 몰수하는 등 차별 정책을 강화한 것이 원인이었다. 이에 타밀족의 과격파인 타밀엘람 해방 호랑이LTTE는 소련 등의 지원을 받아 저항하였다.

　이런 와중에 라나싱헤 프레마다사(Ranasinghe Premadasa : 1924~1993)가 1988년 선거에서 승리해 대통령으로 당선되었다. 하지만 그는 내전을 극복하지 못하고 1993년 5월 1일, 메이데이 행사 중 타밀족의 자살 폭탄 테러로 피살되었다.

　이후 2001년 스리랑카 총선에서 라닐 위크레메싱헤(Ranil Shriyan Wickremesinghe Sinhala : 1949~)가 총리로 당선되어 내전 종결을 공언하였다. 그 결과 2002년 라닐 위크레메싱헤 총리와 벨루필라이 프라브하카란(Thiruvenkadam Velupillai Prabhakaran : 1954~2009) 타밀엘람 해방 호랑이 지도자가 휴전 협정을 체결하고, 평화 협상을 진행하였다.

그러나 2008년 휴전이 종결됨에 따라 내전이 재개되었다. 그 후 정부군이 2009년 5월 벨루필라이 프라브하카란을 사살함으로써 전쟁은 종결되었다.

스리랑카 내전의 결과, 26년간 7만 명 이상이 사망했으며 민족 박해와 인권 탄압, 난민 문제 등이 발생하였다.

* 2009년 5월 17일 '스리랑카 내전 종결' 참조

―

2001년 5월 1일

미국 부시 대통령, 새로운 미사일 방어 체제 발표

―

2001년 5월 1일, 미국의 조지 워커 부시(George Walker Bush : 1946~) 대통령은 새로운 미사일 방어 체제를 발표하였다. 즉 미국 본토가 대륙 간 탄도미사일로부터 공격을 받을 경우에 고성능 요격 미사일을 발사해 떨어뜨림으로써 미국 본토 전체를 방어한다는 전략이었다.

이는 1983년에 로널드 레이건(Ronald Wilson Reagan : 1911~2004) 미국 대통령이 발표한 적의 핵 또는 생화학 탄두를 실은 미사일을 우주에서 요격해 파괴한다는 전략 방위 구상SDI 계획을 구체화한 것이었다.

부시 대통령의 새로운 미사일 방어 전략은 새로운 군비 경쟁을 촉발하는 결과로 이어졌다.

* 1987년 4월 16일 '미사일 기술 통제 체제 창설' 참조

—

1945년 5월 1일

독일 나치스 선전 장관 괴벨스, 가족과 함께 자살

—

파울 괴벨스(Paul Joseph Goebbels : 1897~1945)는 1897년 독일 라인 란트 지방에서 태어났다. 그는 직물 공장의 직공장 집안에서 자라나 회 사의 사환으로 일하는 등 불우한 소년 시절을 보냈다. 또한 소아마비 때문에 다리가 굽어 병역까지 거부당하였다.

괴벨스는 가톨릭 재단의 장학금을 받아 1921년 하이델베르크 대학 교를 졸업한 후 저널리스트 겸 소설가로 일했다.

1922년에 그는 독일 나치스에 들어가 1926년에 베를린 지역의 나치 당 지도자가 되었다. 그는 당을 선전하기 위한 조직을 만들어 독일 나 치스의 총통인 아돌프 히틀러(Adolf Hitler : 1889~1945)를 도왔다.

1933년에 괴벨스는 독일 나치스의 선전 장관이 되어 라디오, 신문, 영화 등을 선전 도구로 삼아 대중 심리를 조작하였으며, 특히 유태인에 대한 증오심을 일으키는 활동에 모든 힘을 기울였다.

괴벨스는 최후까지 히틀러에게 충성하였고, 히틀러가 자살한 다음날 인 1945년 5월 1일, 총리 관저의 대피호에서 가족과 함께 자살하였다.

1960년 5월 1일

미국 U2 정찰기, 소련 상공에서 피격

미국은 항공기 제조 회사인 록히드사를 통해 최대 상승 고도 2만 7,400m, 마하 속도 0.7을 내는 첨단 첩보기를 비밀리에 개발하였다. 그것이 바로 U2 정찰기였다. U2 정찰기는 1956년부터 소련 지역을 정찰하였다.

하지만 미국은 이 사실을 부인해 왔고 소련은 그 증거를 대지 못했다. 그러던 소련이 마침내 요격 미사일을 개발하여 1960년 5월 1일 우랄 산맥 2만m 상공에서 U2기를 격추시켰다.

격추 직전에 조종사인 프랜시스 개리 파워즈(Francis Gary Powers : 1929~1977)는 탈출하였지만 체포되었다. 그는 1962년에 소련의 스파이 루돌프 아벨(Rudolf Abel : 1903~1971)과 교환되었다.

5월의
모든 역사

5월 2일

■
■
■

73년 5월 2일

로마군, 유대인의 마사다 요새를 정복하다

"형제들이여, 우리는 로마와 맞서 싸운 마지막 용사들입니다. 새벽이 오면 우리는 저들의 포로가 될 것입니다. 그러나 지금은 자유로우므로 부끄럽지 않게 죽을 기회가 우리에게 있습니다. 자! 노예가 되기보다 자유라는 이름의 수의壽衣를 입읍시다!"

-엘리에제르 벤 야이르

73년 5월 1일, 로마의 플라비우스 실바 장군은 이스라엘 남부의 암 층 지대에 위치한 유대인의 마사다 요새를 공격하기 위한 탑을 완성하 였다.

다음 날인 2일 아침이 되자, 실바는 요새에 대한 공격 명령을 내렸다. 구름다리가 놓였고 로마군은 고함을 지르며 다리를 건넜다. 워낙 견고 했던 마사다 요새라서 많은 희생을 각오할 정도였지만 이상하리만치 아무도 없는 성처럼 요새는 고요하기만 했다. 어제는 유대인들이 불화 살을 맞으면서도 두려워하지 않고 반격했는데 말이다.

실바는 성으로 건너갔다. 한 병사가 장군을 불렀다. 불탄 건물 앞으 로 가 보니 960명 유대인들의 주검이 실바 장군을 맞이하였다. 숨어 있 던 여자 두 명을 찾아냈다. 여자들은 모두 스스로 목숨을 끊었다고 말 하였다. 이로써 이스라엘의 로마에 대한 저항은 끝났다.

셈족에 속하는 이스라엘인, 즉 히브리 민족은 원래 유목민이었다. 그 들은 기원전 2000년 무렵 메소포타미아를 떠나 아라비아, 시리아, 이집 트 등지로 이주하였다. 그리고 기원전 1300년에는 민족의 지도자 모세 의 인도로 지금의 요르단 강 서쪽 땅인 가나안에 정착하였다.

기원전 1100년에 이집트의 지배가 약해진 틈을 이용하여 가나안 땅 에 있던 사람들을 물리치고 사울을 왕으로 옹립하고 이스라엘 왕국을 세웠다. 그리고 사울의 뒤를 이어 왕이 된 다윗이 예루살렘을 수도로 정하고 왕궁과 성전을 세웠다. 그 뒤 솔로몬이 왕위를 이어 활발한 무 역을 일으켜 왕국의 전성기를 이루었다.

하지만 솔로몬 왕이 전쟁을 위해 군대를 모집하고 강제 노역으로 백 성들을 자주 동원한 결과, 왕국은 남북으로 갈라졌다. 즉 북쪽의 이스 라엘 왕국과 남쪽의 유대 왕국으로 나누어진 것이다.

그리고 이스라엘 왕국은 기원전 722년 아시리아에게, 유대 왕국은 기원전 586년 신바빌로니아에게 멸망당하고 유대인들은 신바빌로니아의 수도인 바벨론으로 끌려갔다.

기원전 538년 페르시아의 왕 다리우스 1세(Darius I : B.C. 550~B.C. 486)가 신바빌로니아를 정복하자 유대인들은 해방되어 귀국하였다. 하지만 계속해서 마케도니아의 알렉산드로스 대왕(Alexandros the Great : B.C. 356~B.C. 323)과 로마의 지배에 놓였다.

기원전 1세기에는 로마 제국의 통치 아래 유대 왕국이 다시 세워지기도 했지만 70년 예루살렘이 함락 당했다. 그러자 예루살렘에서 쫓겨난 유대인들은 엘리에제르 벤 야이르가 이끄는 저항군이 있는 마사다로 피난해서 합류했으며 3여 년 동안 이곳을 근거지로 삼고 로마군을 공격했다.

유대인의 최후의 모습을 그린 마사다 요새의 항전은 유대의 역사가인 플라비우스 요세푸스(Flavius Josephus : 37~100)가 기록으로 남겼다. 이 요새는 1963년부터 1965년 사이에 발굴 조사가 이루어졌다.

—

2011년 5월 2일

테러 조직 알 카에다의 지도자, 오사마 빈 라덴 피살

—

"이제 정의는 실현됐다."

-버락 오바마

2001년 9월 11일 미국에서 일어난 9·11 테러 사건의 배후로 지목된 오사마 빈 라덴(Osama bin Laden : 1957~2011)이 2011년 5월 2일 피살되었다.

빈 라덴은 1957년 사우디아라비아 리야드의 부호 가문에서 태어났다. 그는 학창 시절, 회교 단체들에서 활동했으며 졸업 후 상속받은 건설 회사를 운영하기도 했다. 그러나 1979년 소련이 아프가니스탄을 침공하자 확고한 종교적 신념에 따라 '이슬람 구제 기금'을 설립하여 탈리반에 자금 및 훈련 등을 지원하였다. 이어 1988년 이슬람 구제 기금을 무장 조직인 알 카에다Al-Qaeda로 재정비하였다.

1991년에 그는 이라크가 쿠웨이트를 침공하자 사우디아라비아의 방어를 자청하였다. 그러나 사우디아라비아 왕가가 이교도인 미국인들에게 방어를 맡기자 이에 반대하다가 제다에 연금되었고, 이때부터 반미反美 인사가 되어 이집트 과격 단체들과 동맹을 맺고 막대한 부를 바탕으로 자신이 조직한 알 카에다를 통해 국제적인 테러를 지원하기 시작하였다.

빈 라덴은 1996년 미국 국무부에 의해 '주요 테러 재정 지원자'로 지목되었고, 같은 해 수단에서 축출되자 아프가니스탄으로 건너갔다. 이곳에서 그는 '미국인과 유대인을 적대시하라.'는 교시를 내리고 성전聖戰을 선언한 뒤, 지하드 등 다양한 회교 테러 조직들과 함께 전 세계 미국 시설들에 대한 공격을 촉구하였다.

그리고 아프가니스탄에서 숨어 지내면서 계속 대미 테러 활동을 벌여왔는데, 2001년 9월 11일에는 항공기 납치 동시다발 자살 테러를 벌여미국 뉴욕에 있는 110층짜리 세계 무역 센터와 국방부 펜타곤을 공격하였다. 이때부터 빈 라덴은 미국에게서 10년간 끈질긴 추적을 받았다.

2011년 5월 2일, 버락 오바마(Barack Hussein Obama : 1961) 미국 대통령은 특별 성명을 통해 "미군 특수 부대가 빈 라덴이 숨어 있던 파키스탄 아보타바드의 가옥을 급습해 교전 끝에 그를 사살했다."고 발표하였다. 또한 미국 행정부의 한 관리는 "무슬림인 빈 라덴의 주검을 이슬람 전통에 따라 바다에 수장했다."고 밝혔다.

한편 알 카에다는 빈 라덴의 사망을 공식 확인하고 미국에 대한 보복을 천명했다.

* 2001년 9월 11일 '미국 9 · 11 테러 사건이 발생하다' 참조

―

1999년 5월 2일

파나마의 첫 여성 대통령, 모스코소 당선

―

미레야 모스코소(Mireya Moscoso : 1946~)는 1946년 7월 1일 파나마의 페다시에서 출생하였다. 본명은 미레야 엘리사 모스코소 데 그루베 Mireya Elisa Moscoso de Gruber이다. 모스코소는 교사였던 아버지를 일찍 여의고 17세부터 비서로 일하였다.

1960년대 초, 그녀는 대통령을 세 차례나 역임한 아르눌포 아리아스(Arnulfo Arias : 1901~1988)를 만나 그의 정치 활동에 참여하였다. 1969년 모스코소는 아리아스가 오마르 토리호스(Omar Herrera Torrijos : 1929~1981)의 군사 쿠데타로 실각하자 함께 미국 플로리다 주 마이애미로 망명하였다.

그리고 그녀는 1970년 23세의 나이로 당시 68세이던 아리아스와 결

혼하였다. 13년 동안의 망명 생활을 끝낸 뒤 1988년 남편과 함께 귀국
하였으나 아리아스는 심장마비로 사망하였다.

1990년에 모스코소는 남편의 이름을 딴 아르눌피스타당을 설립
하고 본격적으로 대중 정치에 뛰어들었다. 그리고 1994년에 처음으
로 대선에 출마하였으나 에르네스토 페레스 발라다레스(Ernesto Perez
Balladares : 1946~)에게 패배하였다.

하지만 1999년 대선에 두 번째로 출마한 그녀는 남편의 묘소 앞에
서 '나를 선택하는 것은 곧 남편을 선택하는 것'이라고 부르짖고, 중하
류층 거주 지역에 살면서 '나도 민중의 한 사람'이라고 외쳤다. 그녀는
부패 척결, 빈곤 탈출, 보건 강화 등을 공약으로 하여 5월 2일에 실시된
대통령 선거에서 집권당의 마르틴 토리호스 후보를 제치고 파나마의
첫 여성 대통령으로 당선되었다.

이후 모스코소는 2004년까지 재임하였다.

1998년 5월 2일

일본 록 밴드 '엑스재팬'의
기타리스트 히데가 사고로 사망하다

일본의 전설적인 록 밴드로 알려진 '엑스재팬X-Japan'의 기타리스트 히
데가 1998년 5월 2일 아침, 자택에서 타월로 목을 맨 채 발견됐다.

경찰은 처음에는 자살이라고 발표했다가 동거녀를 비롯한 주변 친구
들의 증언, 유서가 없는 점을 바탕으로 다시 조사를 벌여 최종 사망 원
인을 '기도 폐쇄로 인한 사고사'로 밝혔다.

히데의 본명은 마츠모토 히데토(松本秀人 : 1964~1998)이다. 그는 일본 가나가와 현 요코스카에서 태어났다. 소년 시절에는 비만 콤플렉스 때문에 내향적이고 얌전한 아이였다. 그러나 중학생 때 록그룹 키스의 앨범을 처음 듣고 록에 눈을 뜬 이후, 히데는 록을 하기 위해 슬림한 가죽 바지를 벽에 걸어놓고 혹독하게 다이어트를 했다.

1986년 엑스재팬의 리더 하야시 요시키(林 佳樹 : 1965~)의 권유로 엑스재팬에 가입하고 기타와 작곡, 보컬을 맡았다. 그는 붉은 머리와 짙은 화장, 마른 몸매에서 뿜어내는 강렬한 카리스마로 유명해졌다.

엑스재팬에서 존재감을 확고히 드러낸 히데는 솔로 활동을 벌이기도 했다. 엑스재팬 당시 그는 자신의 이름을 대문자로 'HIDE'라고 표기했지만, 솔로 활동을 할 때는 소문자 'hide'라고 표기했다. 엑스재팬 멤버로서 자신의 정체성을 밝히기 위한 수단이었던 셈이다.

히데는 1997년 엑스재팬 해체 이후 솔로 활동을 하면서도 승승장구하였다. 하지만 자신의 앨범 「Ja, Zoo」를 작업하던 도중 돌연 사망함으로써 팬들에게 큰 충격을 안겼다.

* 1997년 9월 22일 '일본의 전설적인 록 밴드 엑스재팬 해체' 참조

5월의
모든 역사

5월 3일

.
.
.

1968년 5월 3일

프랑스, 68혁명이 일어나다

"68혁명은 세상을 완전히 뒤집지는 못했지만 세상을 강력하게 뒤
흔들었다. 그 충격파는 많은 사람들을 해방으로 이끌었으며, 세상
이 완전히 바뀔 수 있고 무엇이든 가능하다는 확신을 심어주었다."

-크리스 하먼

1968년 3월 22일, 프랑스에 있는 파리 대학교 낭테르 캠퍼스에 다니는 학생들이 부실한 학교 시설을 개선해 달라며 집회를 열었다. 하지만 대학 측의 요청을 받은 경찰은 이들을 무자비하게 진압했다.

이에 대해 학생들은 "상상력에 권력을!" "금지하는 것을 금지한다!" 는 글을 교내에 붙이고 본격적인 시위에 들어갔다. 5월 2일의 일이었다. 학교 측도 다음 날인 5월 3일 '학교 폐쇄'로 맞섰다. 이른바 '68혁명'이 시작된 것이다.

한편 소르본 캠퍼스에서도 학생 측과 경찰이 충돌하였다. 경찰은 최루탄을 쏘면서 강경하게 학생들과 맞섰다. 그 결과, 600여 명의 학생들이 체포되었고 소르본 캠퍼스 역시 폐쇄됐다. 그럼에도 시위는 계속됐다.

그리고 5월 10일 파리에서 베트남 평화 회담이 시작된 날, 대규모 시위대가 바리케이드를 사이에 두고 대치하다 경찰과 난투극을 벌였다. 파리 시내는 이내 아수라장으로 변했다.

거리로 쏟아져 나온 학생들은 시민들의 열렬한 지지를 받았다. 방송을 통해 경찰에게 구타당하는 학생들의 모습을 접한 시민들은 학생들에게 음식을 제공하거나 다친 학생들을 치료하는 등 시위에 동참했고 노동자들 역시 파업을 하고 시위에 동참했다.

거리를 메운 시위대는 100만 명에 이르렀다. 한편 이 시위의 여파로 리옹에서는 고등학교가 파업에 들어갔다. 또한 국영 라디오, TV, 언론인, 방송 기술자들 역시 정부의 언론통제에 반발하며 파업에 돌입하였다.

여기에 청년 근로자들이 분개하여 합세하였고 좌파 세력도 동참했다. 또한 무정부주의자 · 마오주의자 · 트로츠키주의자 등 다양한 세력들도 정치 · 사회 혁명을 요구하며 목소리를 높였다. 시설 개선 요구가 노동자들의 임금 인상 요구로, 다시 정권 타도로 발전한 것은 그동안 쌓여온 불만이 많았기 때문이었다. 사태가 전국으로 확산되면서 총 400만여 명이 파업에 동참했다.

이 사태는 "나는 프랑스"라고 말할 정도로 가부장적 통치를 하고 있던 샤를르 드 골(Charles Andr Marie Joseph De Gaulle : 1890~1970) 대통령과 정치 풍토에 대한 반발이었고, 보수화되어 가고 있던 프랑스 사회에 변화를 강력히 요구한 시위였다.

그럼에도 불구하고 68혁명은 단기간에 끝나버렸다. 공산당이 68혁명을 프티 부르주아적 모험주의라고 비난하며 돌연 돌아선 데다 노동자들도 임금 인상과 최저 임금 상향 조정에 만족했기 때문이었다.

또한 군중을 결집시킬 지도자가 없었다는 것, 시위에 참여했던 학생과 노동자, 노동자와 노동자 사이의 확연한 입장 차이가 68혁명을 순식간에 종결시킨 이유이기도 했다.

68혁명을 통해 대학생들은 지금까지 프랑스를 비롯한 서구 '선진국'이 추구하던 산업 성장, 도시화, 교육의 확대 등에 있어 그 가치와 방향에 대해 의문을 제기하였다. 이것은 노동자들이 현장에서 느끼고 있던 경제적 압박과 맞물려 문화적 또는 정신적 빈곤에 대한 대안을 모색하는 계기가 되었다.

그래서 비록 68혁명은 실패했으나 이후 프랑스 사회에 끼친 영향은 컸다. 프랑스에서는 종교, 애국주의, 권위에 대한 복종 등의 보수적인 가치들을 대체하는 평등, 성해방, 인권, 공동체주의, 생태 등의 진보적인 이념들이 사회의 주된 가치로 자리매김하였으며, 여성 운동 · 녹색 운동 · 게이 정치 등 모든 운동들이 이때를 기점으로 발전하기 시작했다. 현대 문명도 탈근대 쪽으로 물꼬를 틀어 포스트모던의 새 시대로 접어들었다.

68혁명은 이러한 가치 이동의 대명사가 되었으며, 이 경향이 현재의 프랑스를 주도하고 있다.

—

1956년 5월 3일

제1회 세계 유도 선수권 대회, 일본 도쿄에서 개막

—

유도는 예禮로 시작하여 예로 끝난다고 강조하고 있다. 경기에 들어가서는 상대의 인격을 존중해야 하며 자기의 이성을 잃지 않아야 한다. 경기가 끝나면 기술 향상의 기회를 갖도록 해 준 상대방에게 감사의 뜻을 보여야 한다.

유도의 기원은 고구려 고분인 각저총에 보이는 자유대련 장면이나 조선 시대 『무예도보통지武藝圖譜通志』에 그려진 수박 · 권법의 그림에서 찾는 경우도 있지만, 오늘날의 유도는 일본의 전통적인 유술柔術을 기초로 하여 가노 지고로(嘉納治五郎 : 1860~1938)가 만든 것이다.

가노는 어렸을 때 몸이 무척 약하여 어떻게 하든 강해지고 싶다는 의지가 강했다. 그는 18세가 되어 유술의 한 유파인 천신진양류天神眞楊流의 기술을 배웠고, 도쿄 대학교를 졸업한 22세부터는 기도류起倒流의 기술을 배웠다. 훈련을 거듭하던 가노는 일본 유술의 여러 유파의 장점과 단점을 보완하고 단순한 무술이 아닌 체육으로서의 그것을 만들어야겠다는 생각을 하였다.

"메이지 유신 후 대부분의 사람들은 서양의 문화를 배우느라 정신이 없어 무술은 버려도 좋다고 생각하였다. 이 때문에 내가 유술에 새로운 목적을 세우고 연구를 더해 가르치려 해도 세상은 알아주지 않았다. 내가 넓히려고 하는 것은 옛날의 유술이 아니다. 그것보다는 훨씬 높은 목적을 가지고 있는 것이다. 잘 생각해 보니 유술이라는 것은 실제로 그 바탕에 '도道'가 있는 것이고 '술術'이란 단지 그 응용에 불과한 것이다."

가노는 유술을 유도로 이름을 바꾸고 승부법으로서의 유도, 체육으로서의 유도, 몸을 수양하는 방법으로서의 유도로 각각 구분하였다. 가노는 당시 귀족들이 운영하던 학습원의 강사가 되어 학생들에게 유도를 가르치게 된 1882년 이후에 자신이 개발한 유도를 확립시킬 수 있었다.

그해 5월 가노는 에이쇼사永昌寺 마당에 12장의 다다미를 깔고 고도칸講道館이라는 도장을 만들었다. 다음 해 3월에는 고도칸을 부사견정富士見町으로 옮겼다. 그리고 1895년에 메치기의 핵심적인 항목인 '오교五教의 기技' 42개를 만들어 유도의 기본을 확립하는 데 힘썼다.

가노가 개발한 유도는 1911년 일본 중학교의 정식 교과목으로 채택되었다. 그리고 1914년에는 제1회 전국 고등전문학교 유도 대회가 열렸다. 또한 1952년에 일본은 국제 유도 연맹을 만들고 4년 후인 1956년 5월 3일 도쿄에서 제1회 세계 유도 선수권 대회를 개최했다.

한편 고도칸 유도는 1909년 황성기독교 청년회를 통하여 우리나라에 들어왔다.

1808년 5월 3일

프랑스의 나폴레옹 군대, 스페인 마드리드 시민 학살

1808년 유럽 대륙을 지배하던 프랑스의 나폴레옹 보나파르트 (Napoleon Bonaparte : 1769~1821) 군대가 스페인을 점령하였다. 이어 나폴레옹은 스페인 왕가를 몰아내고 자신의 형인 조제프 보나파르트 (Joseph-Napoleon Bonaparte : 1768~1844)를 스페인 국왕으로 책봉하였다.

이에 스페인의 마드리드 시민들은 필사적으로 반대하며 봉기를 일으켰다. 하지만 프랑스군은 무장하지 않은 마드리드 시민들을 향해 총을 겨누며 무자비하게 학살하였다. 1808년 5월 3일의 일이었다.

이날의 공포는 스페인 화가 프란시스코 고야(Francisco Jose de Goya y Lucientes : 1746~1828)가 그린 「1808년 5월 3일The Third of May 1808」이라는 작품 속에 잘 나타나 있다.

고야는 얼굴이 보이지 않는 프랑스 군인들이 양민을 향해 총을 겨누고 있는 모습, 겁에 질려 두 팔을 번쩍 들어 올린 남자의 모습, 땅바닥의 처형당한 시체들이 나뒹구는 모습을 극적으로 묘사하며 참혹한 학살 현장을 증언하였다.

한편 1814년에 페르나도 7

「1808년 5월 3일」

세(Fernando Ⅶ : 1784~1833)가 복위함으로써 스페인은 프랑스로부터
독립하였다.

* 1746년 3월 30일 '스페인 화가 프란치스코 고야 태어나다' 참조

1996년 5월 3일

영국, 광우병에 걸린 소 처음으로 도살

1996년 3월, 영국 정부는 자국산 소고기가 사람에게도 전염되는 광
우병에 오염됐다고 공식적으로 발표했다. 이에 유럽연합EU은 영국산
소고기에 대해 전면 금수 조치를 내렸다.

그리고 5월 3일, 30개월 이상 된 소 8만 마리에 대해 영국에서 처음
으로 도살이 이뤄졌다. 이후 화장 시설이 갖춰진 영국 내 9개 도살장이
완전 가동되면서 한 달간 20만 마리를 도살했다.

영국 정부는 460만 마리가 광우병에 걸렸을 가능성이 있으며, 이를
다 도살하려면 최소 6년은 걸릴 것이라고 밝혔다. 파동은 곧 대륙으로
번져, 프랑스, 벨기에, 스위스, 포르투갈, 독일 등 곳곳에서 적게는 몇
마리에서 십수 만 마리까지 도살됐다.

광우병 공포는 식생활에만 직접 영향을 미친 것이 아니었다. 소뼈,
부산물을 사용하는 화장품도 위험물 목록에 올랐고 의약품 캡슐도 유
통이 전면 금지됐다. 이후 광우병은 전 세계에서 발견됐다. 영국은
1996년 4월에만 16만 1,663건이 보고됐고, 스위스에서 205건, 아일랜
드 123건, 포르투갈 31건 등이 발견되었다.

5월의
모든 역사

5월 4일

1919년 5월 4일

중국, 5 · 4 운동이 발발하다

"오늘 일어난 일은 애국 운동에 속하며 이와 비슷한 일은 세계 어느 나라에서도 볼 수 있는 것이다. 모두들 놀라서 당황할 필요가 없다. 내가 책임지고 학생들을 구해내겠다."

-차이위안페이

중국은 1919년 1월, 제1차 세계 대전 전승국 27개국 대표가 모인 파리 강화에서 다음과 같은 요구를 하였다.

① 중국에 설치된 세력 범위를 포기하라.

② 중국에 주둔하는 각국 군대를 철수시켜라.

③ 각국이 중국에서 경영하는 우편 전보 사업을 폐지하라.

④ 영사 재판권을 철회하라.

⑤ 조차지를 반환하라.

⑥ 조세를 반환하라.

⑦ 관세 자주권을 승인하라.

그리고 여기에 1915년 1월 18일 일본의 가토 다카아키(加藤 高明 : 1860~1926) 외상과 위안스카이(袁世凱 : 1859~1916) 총통 사이에 체결된 21개 조목의 불평등 조약 취소를 요구하였다. 더불어 일본이 독일로부터 빼앗은 중국 산둥山東의 권리를 돌려 달라고 하였다.

그러나 4월 30일, 중국 대표로부터 회담에 실패했다는 소식이 전해졌다. 이것은 서양의 자본주의 국가들이 아시아에 공산주의가 들어오는 것을 막기 위해 일본이 필요했기 때문이며, 또한 그들이 차지한 권리를 조금이라도 양보하면 중국에 불리한 불평등조약 체제가 파괴될 수 있었기 때문이었다.

이 소식을 들은 중국인들은 크게 분노하였다. 특히 베이징 대학교 총장이었던 차이위안페이(蔡元培 : 1868~1940)는 5월 2일 베이징 대학교 학생 대표 100여 명을 불러 모아 파리 강화 회의에서 중국의 주권이 묵살되는 상황을 자세히 설명해 주고, 국가가 위급한 시기에 나라를 구하라고 학생들에게 호소하였다.

이러한 긴급 사태를 극복하기 위해 3일 저녁에 베이징 대학교 학생들은 차이위안페이의 허락을 받아 베이징 시내에 있는 여러 학교의 대표 및 베이징 대학교 전체 학생이 모인 학생 대회를 열었다. 그 자리에서 다음 날인 4일 대규모 시위를 하고 나라를 팔아먹은 중국 정부에 항의하기로 행동 방침을 정하였다.

드디어 5월 4일 오후 1시, 중국 전역 13개 학교 3,000여 명의 학생들은 톈안먼天安門을 출발하여 외국의 여러 공사관이 있는 지역으로 행진하였다. 이른바 '5 · 4운동'의 시작이었다. 하지만 이곳을 지키고 있던 경찰들에게 행진은 저지당했다. 저지당한 학생들은 베이징 시내를 행진하며 친일파 정치인에 대한 분노를 폭발시켰다.

특히 매국노 차오루린(曹汝霖 : 1877~1966)의 집으로 가자는 구호가 나오면서 차오루린의 집에 불을 지르고, 그곳에 있던 장종샹(章宗祥 : 1879~1962)을 구타했다. 시위가 과격해지자 군인과 경찰은 강경 진압으로 방침을 바꾸고 많은 학생들을 체포하기에 이르렀다. 이날 오후 베이징 시내에 있는 대학생 등 32명이 체포되었다.

다음 날 학생들은 운동을 조직화하고 시위를 전국적으로 확산시키기 위해 베이징 학생 연합회를 만들었다. 그 결과, 몇 주가 지나지 않아서 시위가 중국 전역으로 퍼져나갔다. 특히 상하이에서는 상인들이 학생 시위에 찬성하는 의미에서 1주일이나 가게 문을 닫았고, 40여 개 공장의 근로자들은 파업에 들어갔다.

또한 전국적으로 일본 상품에 대한 불매 운동이 벌어졌다. 그러나 정부는 시위를 탄압하였다. 베이징 대학교 총장 차이위안페이에게는 학생들을 선동한 대가로 사임하라는 압력이 들어왔고, 경찰은 가혹하게 시위를 탄압하고 학생과 민중 들을 체포하였다.

또한 정부는 6월 1일 베이징에 계엄령을 선포하였고, 3일에는 198명의 학생들을 무더기로 체포하였다.

다음 날 톈진天津에 보낸 전보를 통해 이 소식이 전국에 알려지면서 학생과 민중의 분노는 꺼지지 않았다. 베이징의 소식은 서서히 운동의 중심 세력이 학생에서 일반 대중으로 확대되기 시작하는 전환점이 되었다. 즉 단순한 학생 중심의 시위에서 학생·노동자·상인 중심의 삼파 투쟁三罷鬪爭으로 발전한 것이었다.

결국 중국 정부는 차오루린, 장종샹, 루쭝위(陸宗興 : 1876~1941) 등 친일파 매국 관료 3명을 파면하였다. 그리고 6월 28일에는 파리 베르사유 강화 조약의 조인을 거부하였다.

중국을 분노의 불길로 뒤흔든 5·4 운동은 7월 22일 중국 학생 연합회가 종결을 선언함으로써 일단락되었다.

중국인들은 5·4 운동을 통해 민중의 힘을 깨달았고, 이 경험은 이후 노동 운동과 농민 운동 같은 대중 운동의 출발점이 되었다.

—

2010년 5월 4일

피카소의 「누드, 녹색 잎과 상반신」, 최고 경매가로 팔리다

—

스페인의 화가 파블로 피카소(Pablo Ruiz y Picasso : 1881~1973)가 그린 「누드, 녹색 잎과 상반신Nude, Green Leaves and Bust」이 2010년 5월 4일 미국 뉴욕 크리스티 경매에서 역대 최고가인 1억 650만 달러에 팔렸다.

「누드, 녹색 잎과 상반신」

종전 최고 기록은 2010년 2월 영국 런던의 소더비 경매에서 1억 430만 달러에 팔린 스위스의 조각가 알베르토 자코메티(Alberto Giacometti : 1901~1966)의 청동 조각상 「걷는 사람 I L'homme qui marche I」이었다.

피카소의 「누드, 녹색 잎과 상반신」은 1932년 자신의 연인인 마리테레즈 발테르(Marie-Therese Walter : 1909~1977)를 모델로 그린 작품이다. 이 그림은 미술품 수집가인 브로디 부부가 1951년 뉴욕 갤러리에서 1만 9,800달러를 주고 산 이후, 한 번도 공개 전시되지 않았다.

「누드, 녹색 잎과 상반신」은 5,800만 달러에서 호가가 시작되었다. 하지만 아시아, 미국, 유럽 등에서 온 9명이 적극적으로 응찰에 나서면서 열기가 더해졌다. 이 가운데 경매 현장과 전화로 응찰한 두 사람이 마지막까지 엎치락뒤치락하면서 그림 값은 8,800만 달러까지 올랐지만, 신원을 밝히지 않은 전화 응찰자가 무려 700만 달러나 많은 9,500만 달러를 부르면서 결판이 났다. 그래서 경매소 쪽에 내는 비용을 포함하여 그림 가격은 1억 650만 달러로 책정되었다.

이전에 피카소의 작품으로 가장 고가에 팔린 작품은 1905년에 그린 「파이프를 든 소년Boy with a Pipe」이었다. 이 그림은 2004년 런던 소더비 경매에서 1억 410만 달러에 팔렸다.

1949년 5월 4일

소련, 서베를린 봉쇄 해제에 동의

1948년 3월, 서방 국가들은 그들이 점령한 독일 지역을 하나의 경제 단위로 통합시키기로 결정하였다. 그러자 소련은 이에 대한 항의의 표시로 연합국 관리 위원회에서 탈퇴하였다.

또한 미국, 영국, 프랑스 등 서방 측 3개국이 서독 지역에서의 통화 개혁을 실시하였는데, 이것을 당시 서베를린까지 확대하여 새로운 독일 마르크화를 도입하였다.

소련은 이를 동독 통화에 대한 위협으로 간주하고 6월 24일 소련 점령 지구 내에서 독자적인 통화 개혁을 실시함과 동시에, 서독과 서베를린 사이의 육상 교통 · 수송을 전면적으로 봉쇄하였다.

이에 미국과 영국은 6월 26일부터 서베를린에 대한 물자 공급을 위해 대규모의 공수를 개시하였다. 7월 중순, 소련은 동베를린 내의 군대를 40개 사단으로 증강시키고, 연합군 지역에는 8개 사단만을 남겨 두었다.

7월 말, 3개 대대의 미국 폭격기들이 영국을 지원하기 위하여 파견되어 긴장이 고조되었으나, 전쟁은 발발하지 않았다. 연료 · 전기가 극도로 부족한 상황 속에서 서베를린은 11개월 동안 서방 측에 의한 공수 조치로 연명하였다.

그러던 1949년 5월 4일, 결국 소련은 서베를린에 대한 봉쇄를 해제하는 데 동의하였다. 그 이유는 연합국들이 동독 교통 · 통신 시설에 보복 조치를 취하였고, 특히 동유럽권의 모든 전략 수출품에 대하여 서방

측이 수입 금지를 단행하였기 때문이었다.

5월 12일 소련은 서베를린에 대한 봉쇄를 풀었다.

1990년 5월 4일

라트비아 공화국, 소련에 독립 선언

유럽 발트 해에 위치한 라트비아는 지속력으로 폴란드 · 스웨덴 · 러시아의 침략을 받으면서도 고유의 언어와 문화를 유지하면서 독립을 지켜 왔다.

20세기에 들어와서 라트비아는 소련의 압력으로 1940년 소련 연방에 가입하였지만, 1980년대 소련의 개혁 개방 정책과 맞물려 민족주의 운동이 크게 일어났다.

1990년 5월 4일에 라트비아는 국회에서 연방 가입 이전 헌법을 채택하는 결의를 하면서 마침내 소련에 독립을 선언하였다.

이후 라트비아는 2004년 유럽연합EU의 일원이 되어 완전히 소련 체제로부터 벗어나게 되었다.

5월의
모든 역사

5월 5일

■
■
■

1260년 5월 5일

쿠빌라이, 몽골 제국의 칸에 즉위하다

마치 미로와 같이 구불구불한 5마일을

이 거룩한 강은 숲과 골짜기를 흘러서

사람이 헤아릴 길 없는 동굴에 이르러

생명 없는 대양으로 소란하게 가라앉았다.

그 떠들썩한 소리 속에서 쿠빌라이 칸은

전쟁을 예언하는 조상의 목소리를 들었다.

-새뮤얼 테일러 콜리지, 「쿠빌라이 칸」

쿠빌라이(Khubilai : 1215~1294)는 1215년 몽골 제국의 임시 대칸이었던 툴루이(Tului : 1192~1232)와 보르테 사이에서 둘째 아들로 태어났다.

1251년에 형 몽케(Mongke : 1209~1259)가 제4대 칸의 자리에 오르자, 그는 중국 방면의 대총독에 임명되었다. 쿠빌라이는 고비 사막 남쪽의 금연천을 근거지로 삼고 중국 윈난성雲南省에 있던 대리국을 멸망시켰으며, 티베트와 베트남까지도 공격하였다. 그리고 형주분지에 안무사, 허난성河南省에 경략사, 경조분지에 선무사를 두고, 중국 통치에 타고난 재질을 보였다.

1259년 남송南宋을 몸소 무찌르던 형 몽케 칸이 쓰촨四川의 병영에서 병사하자, 쿠빌라이는 국도인 카라코룸을 지키고 있는 막내 동생 아리크부카(Arik Bukha : ?~1266)에게 선수를 써서 이듬해인 1260년 5월 5일에 중국의 카이펑부에서 몽골 제국 제5대 대칸의 자리에 올랐다. 그리고 중국식으로 건원하여 중통中統이라 하였다.

하지만 그 뒤에도 4년 동안 칸 자리를 두고 동생과 다퉜다. 마침내 아리크부카를 굴복시킨 쿠빌라이는 도읍을 연경(현 베이징)으로 옮겨 대도大都라 일컫고, 이어 1271년『역경易經』에 입각하여 나라 이름을 원이라 지었다. 1279년에 원나라는 남송을 멸망시키고, 이민족으로써는 최초로 중국 통일을 이루었다.

쿠빌라이는 35년간의 치세에서 안으로는 툴루이가家 분지分地의 실력가인 진정眞定의 사史씨와 고성藁城의 동董씨의 협력 하에 끈질긴 한인漢人의 세습적 봉건 제후제를 폐지하고, 중앙집권제를 확립하였다. 또 금나라와 당나라의 제도를 본받아 관제를 정하고 세제를 정비하였다.

밖으로는 미얀마 · 참파 · 자바 · 일본 등을 쳐서, 일본을 제외한 동아

시아의 대부분을 그 영역 안에 넣었다. 그래서 그의 영토는 태평양에서
부터 우랄 산맥, 시베리아부터 현재의 아프가니스탄 지역까지, 전 세계
의 5분의 1에 이르렀다.

그리고 쿠빌라이는 다른 몽골의 황족들과 달리 한족 문화에 관심이
많았다. 즉위하기 전부터 한족 선비들을 등용해 국가 통치를 돕게 했으
며, 황태자 친킴(Zhenjin : 1243~1285)에게도 한학을 배우게 했다. 선대
대칸들이 유목 민족의 문화가 농경민족의 문화에 흡수될 것을 우려한
것과는 사뭇 다른 모습이었다.

그래서 쿠빌라이의 조정에는 용맹한 몽골인 장군, 박식한 중국인 유
학자, 티베트의 라마승, 이슬람 상인, 중앙아시아에서 온 천문학자, 유
럽의 가톨릭 선교사 등이 북적거리며 '세계 정부'의 모습을 띠었다. 쿠
빌라이는 중국의 덕치 이념을 받아들여 중국인들을 융합시키는 한편
북방 민족의 전통에 따라 군사적인 지배를 확실히 하면서 다채롭고 빼
어난 문화를 창조하고자 하는 통치 비전을 갖고 있었다.

하지만 쿠빌라이가 정복 사업을 강행하면서 젊은 장정들이 사라져
노동력이 황폐해졌고, 군비 조달로 인해 재정 악화를 가져왔다. 이 재
정난을 해결하기 위해 그는 상인들의 교역을 적극적으로 장려했는데,
이슬람교도 출신 서역 상인들과 위구르인 상단 등 주로 색목인 계통 상
인들의 중국 진출을 허용함과 동시에 이들 색목인 출신 신흥 관료를 발
탁하여 활용하기도 하였다.

그러나 아리크부카와 그의 사주를 받은 두아 등 한국汗國 리더들의
반발과 반란에 봉착하는 가운데 쿠빌라이는 1294년 79세를 일기로 대
도에서 병사하였다. 쿠빌라이의 사후에는 그의 손자 테무르(Temur :
1265~1307)가 뒤를 이었다.

―
1981년 5월 5일

아일랜드공화국군 보비 샌즈,
옥중에서 단식 투쟁 중 사망하다
―

북아일랜드 청년들은 18세기 말부터 계속돼 온 종교 · 정치 분쟁의
소용돌이를 비켜가기 힘들었다.

바비 샌즈(Bobby Sands : 1954~1981)도 그랬다. 그는 18세에 아일랜
드공화국군IRA에 가입했으며, 이듬해 권총 소지 혐의로 3년간 복역했
다. 하지만 출소한 지 얼마 지나지 않아 또다시 테러에 연루되어 14년
형을 선고받고 메이즈 교도소에 수감됐다.

메이즈 교도소에는 IRA 출신 재소자가 많았다. 샌즈는 이곳에서 IRA
수감자들의 리더로 선출됐다. 그는 교도소 내에서 영국 정부에 대한 저
항을 계획했다. 단식투쟁이었다.

샌즈는 1981년 3월 1일 자신을 단순한 테러범이 아니라 정치범으로
취급해 줄 것을 영국 정부에 요구하며 단식을 선언했다. 죄수복 대신
자율 복장을 허용할 것, 사역 거부권, 수감 동료와의 자유로운 접촉 허
용, 감형 제도 부활 등도 요구했다.

옥중 단식은 IRA의 투쟁을 더욱 극적으로 세계에 알려 영국 정부를
압박하려 한 수단이었다. 단식이 길어지자 샌즈에 대한 국내외 관심이
고조됐다. 당시 교황 요한 바오로 2세(Joannes Paulus II : 1920~2005)는
특사를 보내 단식 중단을 권했고, 국제연합UN 인권위원회에서는 샌즈
를 면회하기도 했다. 샌즈는 단식 중 영국 하원의원 보궐선거에 출마해
당선되는 이변도 연출했다.

샌즈의 단식은 당시 영국 총리 마가렛 대처(Margaret Hilda Thatcher : 1925~)와 IRA의 장외 정치 대결로 발전했다. '철의 여인' 대처는 조금도 양보하지 않았다. 대처는 "범죄는 범죄일 뿐 정치일 수 없다."며 샌즈의 요구를 거부했다. 샌즈를 정치범으로 인정하는 것은 IRA를 합법적 단체로 인정한다는 의미였기 때문이다.

샌즈가 혼수상태에 빠졌을 때 그의 가족들은 의사의 도움을 거부했다. 본인도, 가족도 단식을 '정치적 순교'로 받아들인 것이다. 샌즈는 단식 66일째 되던 5월 5일 새벽 1시쯤 차가운 감방 침대 위에서 숨을 거뒀다. 그의 나이 27세였다.

샌즈의 죽음 이후 메이즈 교도소 내 단식 사망자가 줄을 이었다. 샌즈의 투쟁에 자극받은 IRA 동료 수십 명이 릴레이하듯 단식투쟁에 동참했던 것이다. 샌즈에 의해 불이 당겨진 일련의 단식투쟁은 10월에 가서야 막을 내렸다.

샌즈의 옥중 단식은 결국 대처 정부를 움직이지는 못했지만 IRA의 정치력을 강화하는 계기가 됐다.

2004년 5월 5일

베를루스코니 총리, 이탈리아의 최장수 총리 기록

2004년 5월 5일 이탈리아의 실비오 베를루스코니(Silvio Berlusconi : 1936~) 총리가 제2차 세계 대전 이후 이탈리아의 최장수 총리라는 기록을 갖게 됐다.

2001년 총선에서 보수 연합정당의 승리를 이끌어 낸 베를루스코니 총리는 이날로 집권 1060일을 기록하면서 그 전까지 최장수 기록을 가졌던 사회당의 베티노 크락시(Bettino Craxi : 1934~2000) 총리의 재임 기간 1059일을 경신했다.

베를루스코니는 1936년 9월 이탈리아 밀라노에서 은행원의 아들로 태어나 법학을 전공했다. 어릴 적부터 유난히 이재에 밝아 학교 다닐 때부터 친구들의 리포트를 대신 써 주고 돈을 벌었다.

1962년에 그는 건설 회사를 세워 돈을 벌었고, 정부의 TV 산업 규제 완화에 편승해 1986년까지 이탈리아 민영 TV 시장의 80%를 장악했다.

이탈리아 최대 갑부로 입지전적 인생 경력을 가진 베를루스코니 총리는 1994년에도 총리직에 오른 바가 있으나 파트너 정당이 연정을 탈퇴함에 따라 7개월 만에 물러났다. 1996년 다시 총리에 도전했으나 실패하고, 2001년 5월 13일 치러진 총선에서 우파연합이 승리함으로써 그해 6월 두 번째로 총리직에 올라 내각을 출범시켰다.

하지만 계속해서 뇌물수수, 불법 정치자금 운영, 탈세, 마피아 지원 등의 의혹을 샀으며, 잦은 망언으로 국제적 망신을 사기도 했다. 그럼에도 불구하고 특유의 쇼맨십과 카리스마로 이탈리아의 최장수 총리가 되었다.

이후 2006년 4월 총선에서 중도좌파 성향의 로마노 프로디(Romano Prodi : 1939~)에게 아주 근소한 차로 패배해 총리직을 사임했다. 하지만 2008년 4월 치러진 총선에서 그가 이끄는 우파연합이 압승을 거두어, 5월 8일 세 번째로 총리직에 취임하였다.

2011년 11월 12일 하원에서 경제안정화 법안이 통과된 뒤, 유로존 부채 위기에 대한 책임으로 총리직에서 사임하면서 베를루스코니는

17년간의 정계 생활에서 은퇴하였다.

1912년 5월 5일

소련 공산당 기관지 「프라우다」 창간

'진리'라는 뜻을 가진 러시아의 신문 「프라우다」가 블라디미르 레닌 (Vladimir Il'ich Lenin : 1870~1924)에 의해 1912년 5월 5일 상트페테르부르크에서 창간되었다.

이 신문은 창간 당시 러시아 혁명 세력의 주장을 대변하였으며, 이 때문에 제정 러시아 시절에는 많은 탄압을 받았다. 그래서 「프라우다」는 제1차 세계 대전이 일어났을 때에는 정간되기도 하였다.

하지만 2월 혁명이 일어나자 3개월 후 다시 발행되었다. 이후 소련 공산당의 기관지로서의 역할을 하면서 국내외의 소식을 전하였다.

한때는 발행 부수가 1,000만 부를 넘을 정도로 인기였지만, 러시아가 자본주의를 받아들이면서 지금은 거의 사라져 가는 신세로 전락하고 말았다.

5월의
모든 역사

5월 6일

.
.
.

1840년 5월 6일

영국, 세계 최초로 우표를 사용하다

초기의 우표 도안은 문장紋章, 국가원수의 초상, 숫자 등이 주류를 이루었다. 하지만 20세기에 이르러, 특히 제2차 세계 대전을 계기로, 우표가 우편물에 첩부貼付되어 세계 각지로 널리 유포되는 점 때문에 선전 매체로 이용되게 되었다. 그 대표적인 예가 독일 나치 스이다.

따라서 우표의 도안은 그 나라의 역사와 문화, 자연과 산업, 정책과 국력을 나타내는 소재로 점차 바뀌었다.

하지만 북한을 비롯한 일부 국가에서는 우표를 외화 획득의 수단 으로 삼기도 한다. 우표 발행 정책에 일관성이 없이 수집가들의 기 호에 맞게 우표를 남발하여 비난의 대상이 되고 있다.

인류가 발전하면서 말과 문자가 생기고, 사람이나 집단을 연결시켜 주는 통신 수단이 발달하게 되었다. 기원전 2000년경 고대 이집트 제 12왕조에 이미 편지를 전하는 급사가 있었다는 기록이 나타나 있다.

그러나 일정한 조직을 가지고 정기적으로 통신을 제도화한 것은 페르시아의 역마 제도였다. 기원전 500년경에 키루스 왕이 창설하고 다리우스 왕이 완성한 이 역마 제도는 수도를 중심으로 일정한 거리에 숙박소를 마련하고, 말과 마부를 두어 기마의 계주에 의해 편지를 운반하는 대규모의 통신 제도였다.

고대 중국에서도 이러한 역마 제도를 채택하여 기원전 1000년경 주나라의 초기부터 사용되었다. 그리고 원나라가 대제국을 건설한 후 광대한 영토 내에 독특한 역마 제도를 완성하여 동서의 교통을 연결시켰다.

중세에 이르러 유럽에서는 국가적인 것 이외에 수도원 · 대학 · 도시 등에서 또 상인과 기사 등에 의해 많은 급사 제도가 발달하였다. 로마 교황청과 각지의 수도원, 수도원과 수도원 사이의 연락을 위하여 수도사가 급사의 역할을 담당하였다. 12세기에 이르러 볼로냐 · 파리 · 살레르노 등에 대학이 설립되고 유럽 각지에서 학생이 모여들게 되어 대학에서는 학생과 고향의 통신을 위해 정기적인 급사편을 개설하였다. 이것을 대학급사라고 하여 각국의 왕에 의해 특권과 각종 혜택이 베풀어졌다.

또한 이 시대에 상업의 발달로 인해 상업 통신의 필요를 느끼게 되었고 그들 사이의 우편 제도가 창안되었다. 그중에서 독특한 것은 육류상 肉類商이었다. 그들은 상하기 쉬운 육류를 가급적 빨리 운반하기 위하여 좋은 말과 차를 가지고 있었으므로 이것을 신서의 송달에도 사용하였던 것이다. 상인 조합과 각 도시 사이에 송달 계약을 체결하여 우편 연락을 하였으며 이것을 '육류상 우편'이라고 불렀다.

13세기 중엽에 이르러 독일 기사단에 의해 실시된 통신도 오늘날의 우편 제도와 비슷한 통신 제도였다. 이와 같은 지역적 통신 제도를 통합하여 누구나 이용할 수 있도록 개방함으로써 근대적 우편의 선구자가 된 사람이 이탈리아의 프란체스코 데 타시스(Francisco de Tassis : 1459~1517)이다.

그는 1516년 신성로마제국의 황제 막시밀리안 1세(Maximilian I : 1459~1519)로부터 제국 내 우편 사업의 독점과 세습의 특권을 부여받고, 그 후 그 자손들에 의한 '타시스 우편'이 유럽 각지를 연결하여 영업함으로써 많은 편의를 주었다. 타시스 우편은 국가의 재정적 지출에 의하지 않는 개인 사업이었다. 이는 우편을 권력자의 독점으로부터 일반 민중이 이용할 수 있게 하여 그때까지의 우편 제도와는 근본적으로 그 성격이 다르며, 그 때문에 타시스는 '근대 우편의 아버지'로 불리고 있다.

하지만 근대 우편이 발전하는 실마리가 된 것은 1840년 영국에서 이룩된 우편 개혁이었다.

1837년 영국의 롤랜드 힐(Rowland Hill : 1795~1879)은 「우편 제도 개혁의 중요성과 실용성」이라는 논문을 발표하였다. 이 논문을 통해 그는 전국적으로 무게 1/2온스(약 14g) 이하의 편지에 1페니의 요금을 받자는 제안을 하였다. 이것은 우편요금을 편지나 물건을 보내기 전에 미리 받자는 것이었다.

힐의 주장은 매우 설득력이 있어 2년 후 우편 개혁의 제안이 채택되었고, 빅토리아 여왕(Queen Victoria : 1819~1901)의 허가를 받아 1840년

1월 1일부터 새로운 우편 제도가 실시되었다. 전국 균일의 우편요금을 전납前納하는 제도가 실시되었으며, 이로 인하여 거리에 따라 우편요금이 다르고 수신인이 우편요금을 부담하는 등의 불편이 없어졌다.

그리고 우편요금을 먼저 냈다는 증표인 우표가 1840년 5월 6일 탄생하였다. 이때 만들어진 우표가 빅토리아 여왕의 초상을 요판凹版으로 인쇄한 1페니의 흑색 우표와 2펜스의 청색 우표이다. 이 우표에는 편지에 붙이기 위한 풀은 뒤에 칠해져 있었으나, 우표를 분리하기 위한 천공穿孔은 없었다.

이때부터 영국의 우편 이용은 비약적으로 증가하여 근대 우편의 기초가 확립되었다. 영국에서 성공한 근대 우편 제도는 곧 유럽과 세계 각국으로 보급되었다. 우편 제도가 발전됨에 따라 1863년 미국의 제창으로 '각국간의 우편 · 교통 간이화에 관한 국제 회의'가 프랑스 파리에서 열렸다.

이것이 계기가 되어 1874년 제2회 국제 회의가 스위스 베른에서 개최되어 독일의 우정청장 하인리히 슈테판(Heinrich von Stephan : 1831~1897)의 원안에 따라 '우편총연합 창설에 관한 조약'이 체결되어 만국우편연합UPU이 창설되었다.

그리고 우표도 발달하여 1849년 프랑스 세레스의 초상 우표, 독일 바바리아의 숫자 우표, 1852년 이탈리아 사르디냐의 에마누엘 2세 초상 우표 등이 차례로 발행되었다. 일본은 1871년에 용을 도안으로 한 최초의 우표 4종을 발행하였고, 1878년 발행된 중국 우표 3종도 용을 도안으로 하였다. 최초의 우표가 발행된 이래 155년 동안 세계 각국에서 발행된 우표는 약 33만 종에 이른다.

1889년 5월 6일

프랑스 파리에 에펠탑이 개관하다

파리의 상징처럼 기억되는 에펠탑은 1889년 파리 만국 박람회를 위해 건축된 철탑이다. 탑의 높이는 300미터에 이르며, 파리 전경을 한눈에 바라볼 수 있는 전망대 3곳이 마련되어 있다.

1889년 5월 6일, 프랑스 혁명 100주년을 맞아 파리에서 만국 박람회가 개막하였다. 이때 에펠탑도 함께 개관하였다. 현재 텔레비전 등의 송신탑으로 사용되고 있는 프랑스 파리의 에펠탑은 건축가였던 알렉산더 구스타브 에펠(Alexandre Gustave Eiffel : 1832~1923)의 이름을 따서 '에펠탑'이라고 불리게 되었다.

높이 300미터, 무게 7,300톤의 이 탑은 파리의 상징물이 되었고, 건축사적으로도 탁월한 건축물로 평가된다. 하지만 처음 에펠탑을 개관할 당시 프랑스 국민들은 예술적 · 역사적 가치가 다른 작품에 비해 떨어지고 파리의 경관을 해친다는 이유로 거세게 반발하였다.

그에 따라 에펠탑은 만국 박람회 이후 해체하기로 결정되었다. 그러나 재정 부족으로 해체하지 못하였고, 시간의 흐름과 함께 역설적으로 에펠탑은 파리의 상징처럼 되어 버렸다.

1930년까지 에펠탑은 세계에서 가장 높은 인공 건조물이었으나, 미국 뉴욕의 크라이슬러 빌딩이 완공되면서 그 위치를 넘겨주게 되었다.

1937년 5월 6일

독일 비행선 힌덴부르크호 공중 폭발

공기보다 가벼운 수소나 헬륨 같은 가스를 자루에 채우고 부력을 이용하여 공중으로 떠오를 수 있다는 생각은 19세기 초에 있었으며, 1900년 무렵에는 실용화된 비행선이 등장하였다.

1910년 6월에는 독일에서 비행선이 제작되어 승객을 태우고 약 480km 구간을 비행하였다. 이때는 1903년 라이트 형제가 비행기를 최초로 개발한 이후였지만 아직 비행기가 비행선의 능력을 따라잡지는 못하였다.

비행선은 군사용으로도 사용되어 독일은 제1차 세계 대전에서 영국을 폭격하기도 하였다. 그러나 비행기의 발전이 거듭되자 비행선은 점차 속도와 안정성, 수송 능력 등에서 뒤처지게 되었다.

특히 1937년 5월 6일에 일어난 비행선 힌덴부르크호의 추락은 비행선 시대를 마감하는 사건이었다.

독일 프랑크푸르트를 떠난 축구장 세 배 크기의 비행선 힌덴부르크호가 승객을 태우고 미국 뉴욕 하늘에 모습을 드러냈다. 착륙을 하기 위해 고도를 23m로 유지하고 있었는데, 갑자기 비행선 뒤쪽에서 한 줄기의 불꽃이 번쩍이면서 폭발음이 들렸고 이내 공중에서 폭발하였다.

이 사고로 승객과 승무원 36명이 숨졌다. 하지만 아직까지도 사고의 원인은 정확히 밝혀지지 않았다.

* 1915년 5월 31일 '독일, 영국 런던에 최초로 쩨펠린 비행선 공습' 참조

1994년 5월 6일

영국과 프랑스 간 유러 터널 개통

19세기 나폴레옹 시대에 영국과 프랑스는 두 나라 사이에 있는 도버 해협을 뚫어 터널을 만들 생각을 하였다. 하지만 당시에는 자금 부족, 군사상의 이유 등으로 연기되었다.

그러던 1984년 영국과 프랑스는 터널 건설에 합의하였다. 그리고 마침내 약 6년간의 공사 끝에 1994년 5월 6일 도버 해협을 육로로 연결하는 길이 49.94km의 유러 터널Eurotunnel이 개통되었다. 이 해저 터널은 영국 남부 포크스턴과 프랑스 북부 칼레 사이의 해저를 3개의 지하 터널로 연결하고 있다.

이 해저 터널의 개통으로 배편으로 최소한 2시간 걸리던 것이 35분으로 단축되었고, 초고속열차 유러스타는 파리~런던을 3시간, 런던~브뤼셀을 3시간 15분 만에 주파할 수 있게 되었다.

5월의
모든 역사

5월 7일

.
.
.

—

1915년 5월 7일

독일 U보트, 영국의 루시타니아호를 격침하다

—

"100척의 유보트가 있다면 지금까지 우리 수상 함대 전체가 거둔 것보다 더 큰 손해를 적에게 안겨줄 수 있다. 200척이 있다면 영국으로 흘러가는 보급선을 완벽하게 차단할 수 있으며, 300척이 있다면 이 전쟁을 승리로 이끌 수 있다."

-칼 되니츠

1915년 5월 7일 14시 20분, 독일 잠수함 유보트U-boat 20호가 영국의 4만 4,060t급 초대형 여객선 루시타니아호를 향해 어뢰 한 발을 쏘았다. 루시타니아호는 발사한 어뢰를 맞고 18분 만에 90m 깊이의 아일랜드 연안 바닷속으로 가라앉았다.

유보트는 제1차와 제2차 세계 대전 때 대서양과 태평양에서 활동한 독일의 중형 잠수함으로, 무음 및 급속 잠항 능력이 뛰어났다. 제1차 세계 대전 초기에 영국의 장갑순양함 3척을 격침하면서 세상에 알려졌고, 또한 군함과 상선을 구별하지 않고 무차별 공격하여 한때 영국을 궁지에 몰아넣었다.

제1차 세계 대전 당시 독일은 영국 근해를 항해하는 연합국 배에게 공격한다고 경고했었다. 하지만 승객과 선원 1,957명 중 1,198명이 사망한 루시타니아호에 대한 무경고 격침은 세계 여론을 들끓게 만들었다. 교전국인 영국과 독일은 루시타니아호의 군수 물자 수송 여부를 둘러싸고 설전을 벌였다.

영국을 제외하고 가장 격한 반응을 보인 나라는 자국민 128명이 희생된 미국이었다. 미국의 윌리엄 제닝스 브라이언(William Jennings Bryan : 1860~1925) 국무 장관이 '독일에 대한 무례한 외교와 강압'을 이유로 사임할 만큼 강력하게 항의하였다. 이에 독일의 신속한 유감 표명과 배상 약속으로 루시타니아호 사건은 수면 아래로 내려갔다.

하지만 이때부터 미국의 독일에 대한 여론은 급속히 악화되었고, 1917년 독일이 무제한 잠수함작전을 선언하자 독일에 선전포고를 하며 전쟁 속으로 뛰어들었다.

미국의 참전으로 이어진 루시타니아호 침몰에는 석연치 않은 점이 적지 않았다. 독일 잠수함 U-20호가 5월 5일과 6일 이틀 동안 인근 해

역에서 영국 선박 3척을 격침시켜 경계령이 발령된 상황에서 루시타니
아호는 속도를 떨어뜨렸으며 호위를 위해 합류할 예정이었던 영국 구
축함 2척도 따라붙지 않았다.

가장 큰 의혹은 2차 폭발이었다. 독일이 쏜 어뢰는 분명 한 발이었는
데 침몰 전에 또 다른 폭발이 일어난 것이었다. 비밀리에 적재한 화물
에 불이 붙은 탓이었다. 화물칸에 실린 탄약 4,200상자와 1,250상자의
포탄은 거대한 선체를 순식간에 삼킬 만큼 막대한 양이었다. 결국 '루
시타니아호는 군용 수송선'이라는 독일의 주장이 맞았던 셈이다.

시간이 흐를수록 독일의 주장을 뒷받침하는 정황이 속속 나왔어도
루시타니아호 침몰은 '비무장 여객선을 경고도 없이 공격한 야만적 행
위'라는 기억만 사람들에게 남겼다.

한편 1919년 베르사유 조약으로 유보트의 건조가 금지되었으나 독
일 나치스가 재군비를 함에 따라 건조를 재개하였다. 독일은 두 차례의
세계 대전을 통해서 유보트 1,158척을 건조하여, 연합군의 군함과 상선
5,150척을 격침시켰다. 이중에는 전함 · 항공모함 · 구축함도 포함된다.

유보트는 제1차 세계 대전 때는 200~300t에 불과하였으나, 제2차
세계 대전 말기에는 1,000t 이상의 것도 출현하였다. 제2차 세계 대
전 때 주력이었던 U7형은 수상 배수량 790t, 속력 17kt, 항속거리 1만
2,000km이며, 어뢰 발사관 5기를 장비하고 있었다.

* 1917년 4월 2일 '미국 대통령 윌슨, 미국의 제1차 세계 대전의 참전 승인을
요청하다' 참조

1907년 5월 7일

세계 첫 동물원, 독일 함부르크에 준공

"나는 무엇보다도 동물들에게 최대한의 자유를 주려고 노력했다. 동물들을 울타리 안에 가두어 두고 구경시키는 게 아니라 가능한 한 제한구역을 넓게 해 동물이 마음대로 다닐 수 있도록 해 주고 싶다."

-칼 하겐베크

1907년 5월 7일, 독일의 동물조련사 출신인 칼 하겐베크(Carl Hagen Beck : 1844~1913)가 함부르크 교외에 세계 최초로 동물원을 만들었다.

'동물원의 선구자'로 불리는 하겐베크는 1844년 독일 함부르크에서 태어났다. 그의 아버지는 물개를 빨래 통에 넣어 보여 주고 관람료를 받던 생선 장수였다.

하겐베크는 아버지의 사업을 물려받았다. 20대에는 유럽에서 희귀한 동물을 수입해 서커스단이나 동물원에 제공했고 말이 잘 다닐 수 없는 아프리카 식민지에서 쓰도록 2,000마리의 낙타를 독일 정부에 헌납하기도 하였다.

1907년 하겐베크는 27ha의 땅에 같은 대륙의 동물들을 같은 장소에서 생활하게 하되 각 서식지 사이에 해자를 만들어 서로 섞이거나 해치지 못하게 하는 방식, 즉 파노라마 형식으로 동물들을 전시하였다. 이것이 하겐베크 동물원의 시초였다.

이후 하겐베크 동물원은 제2차 세계 대전이 발발했을 때 파괴되었다가 전쟁 후 복원이 이루어져 현재는 유럽의 관광명소가 됐다.

1954년 5월 7일

프랑스군의 거점 디엔비엔푸, 베트남군에 함락

1954년 5월 7일 인도차이나 전쟁의 종결을 토의하는 제네바 회담 도중, 인도차이나에 있는 프랑스군 거점인 베트남의 디엔비엔푸가 56일간에 걸친 전투 끝에 게릴라 부대나 다름없는 북베트남군에게 함락됐다.

'싸우면 반드시 이긴다.'라고 쓴 베트남군의 군기가 포연 가득한 디엔비엔푸 계곡에 펄럭였다. 반면에 프랑스군은 5,000여 명이 전사하고 1만 1,000여 명이 포로가 됐다.

프랑스군 총사령관이 외인부대를 포함한 프랑스 연합군 1만 6,000명을 투입, 이 계곡을 요새화하기 시작한 것은 1953년 11월이었다.

보응우옌잡(Vo Nguyen Giap : 1911~) 장군이 북베트남을 지휘하였다. 그는 정규 군사교육을 받지 못한 군인이었다. 역사 교사 출신으로 1947년 32명에 불과한 군대를 이끌면서 혼자 병법을 익혔다.

그의 병법 핵심 중 적의 방법대로 싸우지 않고 아군만 아는 지형으로 유인하는 것은 손자병법이었고, 압도적 우위가 될 때까지 적과 맞붙지 않는 것은 마오쩌둥의 전술, 기동전은 나폴레옹의 전술이었다. 미국과의 전쟁 때는 북베트남군 총사령관, 중국과의 전쟁 때는 국방 장관을 했다.

보응우옌잡은 3월 13일 디엔비엔푸 포격을 개시해 프랑스군 지역을 차츰 점령해 나갔다. 그 후 베트남군은 전술을 바꿔 참호를 파 나가면서 서서히 프랑스군 거점에 접근하는 전술을 택했다.

1954년 5월 6일 베트남군은 네 번째 공격을 개시해 백병전에서 최후의 거점 이자벨을 점거해 다음날인 5월 7일 전투를 종결지었다.

1895년 5월 7일

러시아 물리학자 포포프,
세계 최초로 무선 전신 발명

알렉산드르 포포프(Aleksandr Stepanovich Popov : 1859~1906)는 1859 년 러시아의 페름에서 태어났다. 그는 1883년 상트페테르부르크 대학 교를 졸업한 후 물리실험실 조수가 되었다. 이어 크론슈타트 어뢰 학교 교관이 되었고 곧 물리학부 부장이 되었다.

포포프는 독일의 하인리히 루돌프 헤르츠(Heinrich Rudolf Hertz : 1857~1894)가 발견한 전자기파와 프랑스의 에누아르 브랑리(Edouard Eugene Desire Branly : 1844~1940)가 발명한 검파기에 관한 연구에 자극 받아 무선 전신을 연구 개발하였다. 그리고 1895년 5월 7일 최초의 공 개 실험에 성공하였다. 이것이 세계 최초 무선 전신의 발명이다.

하지만 그는 이에 대한 특허를 내어 발명의 이득을 독점하거나 외국 자본의 원조를 받아 그 기술의 보급과 발전을 도모하는 데 반대하였다. 때문에 자신보다 한 해 늦게 세계 최초의 특허를 낸 이탈리아의 마르코 니(Guglilmo Marconi : 1874~1937)에게 무선 개발의 원조로서의 공적을 빼앗기게 되었다.

포포프는 1897년 해군과 협력하여 크론슈타트에 무선전신국을 설 치, 군함 아프리카호號에도 무선 전신 시설을 장치하여 무선 전신의 발 전과 실용화를 촉진하는 등 초창기의 무선 전신 발전에 선구적 역할을 하였다.

1901년 모교인 상트페테르부르크 대학교로 돌아가, 1905년 그곳의 전기 공학 연구소장으로 선임되었으나 이듬해에 세상을 떠났다.

러시아는 포포프가 최초로 무선 전신을 실험한 5월 7일을 무선 전신의 날로 정하여 그의 공적을 기념하고 있다.

1995년 5월 7일

자크 시라크, 제25대 프랑스 대통령에 당선

1995년 5월 7일 치러진 프랑스 제5공화국의 다섯 번째 대통령을 뽑는 선거에서 자크 시라크(Jacques Rene Chirac : 1932~)가 당선됐다.

시라크는 1932년 11월 프랑스 파리에서 태어났다. 그는 파리 정치대학을 다녔으며, 국립행정학교 에나ENA에서 학위를 받았다.

그는 1959년 회계감사원 감사관으로 사회에 첫발을 디뎠다. 그리고 1960년대 당시 총리였던 조르주 장 레몽 퐁피두(Georges Jean Raymond Pompidou : 1911~1974)의 총리비서실에서 행정관으로 일하면서 본격적으로 중앙 무대의 행정과 정치를 익혔다.

이를 발판으로 시라크는 1967년 고향인 코레즈에서 드 골파 후보로 출마하여 하원의원에 당선됐다. 시라크는 오늘날 프랑스 원내 1당인 우파 공화국을 위한 연합당을 1976년에 창당, 1994년 말까지 총재를 지냈다. 1978년에는 파리 시장에도 당선하여 18년 동안이나 파리를 통치했다.

시라크는 1981년과 1988년 두 차례에 걸쳐 대통령 선거에 도전하였으나 실패하였고, 세 번째 도전한 끝에 제25대 프랑스 대통령으로 당선되어 마침내 엘리제궁 입성에 성공했다.

시라크의 대통령 당선으로 프랑수아 미테랑(Francois Maurice Marie Mitterrand : 1916~1996) 대통령이 1981년 지스카르 데스텡(Val y Giscard d'Estaing : 1926~) 대통령을 누르고 엘리제궁에 입성한 이래 14년 동안 지속한 사회당 정권의 대통령 집권이 끝나고 우파의 엘리제궁 시대가 열렸다.

—

1945년 5월 7일

독일, 연합국에 항복 선언

—

제2차 세계 대전이 막바지에 이른 1945년 4월 30일, 독일의 아돌프 히틀러(Adolf Hitler : 1889~1945)가 자살하였다. 다음 날인 5월 1일에는 연합군에 의해 수도 베를린이 함락되었다.

히틀러에 이어 독일 총통에 오른 칼 되니츠(Karl Dönitz : 1891~1980)는 1945년 5월 7일 독일의 무조건 항복을 선언하였다. 그리고 이틀 후 항복 문서에 정식으로 서명하였다.

이후 미국 · 영국 · 소련의 3국은 1945년 2월 얄타에서 합의한 대로 독일을 분할 점령하였고, 그 해 7월부터 열린 포츠담 회담을 통해 전후 처리 문제를 더욱 구체화하였다.

5월의
모든 역사

5월 8일
■
■
■
■

1838년 5월 8일

영국의 노동운동가 러벗, 차티스트 운동을 구체화한 문서 「인민헌장」을 배포하다

1. 남자는 보통 선거권을 가진다.

2. 비밀 무기명 투표를 실시한다.

3. 의원의 재산에 의한 자격 제한을 철폐한다.

4. 의원에 대해 세비를 지급한다.

5. 평등선거구제를 실시한다.

6. 의회는 매해마다 소집한다.

-「인민헌장」

18세기 중엽부터 일어난 산업 혁명을 계기로 영국의 노동자 수는 급격히 늘어났지만, 여전히 열악한 환경에서 비참하게 생활하는 것은 변함이 없었다. 그래서 19세기 전반, 영국에서는 노동자 계급을 중심으로 불평등한 선거권 개정을 포함한 사회 개혁 운동이 일어났다.

영국 노동자들은 1832년의 선거법 개정에서도 선거권을 얻지 못하자, 1830년대 중반부터 경제적 · 사회적으로 쌓여 온 불만과 함께 선거권 획득을 위한 요구의 목소리를 높여 갔다.

우선 1836년과 1837년에 걸쳐 런던에서는 오언과 러벗을 각각 고문과 지도자로 내세워 런던 노동자 협회를 결성하였고, 버밍엄에서는 은행가 에르우드의 노력으로 버밍엄 정치 동맹을 이루었다. 북부와 서부에서는 노동자들의 운동을 활발히 추진하면서 오코너(Feargus Edward O'Connor : 1796~1855)가 『노던 스타Northern Star』지를 발간하였다.

이와 같은 각지의 노동자 조직이나 운동은 점차 전국적으로 확대 발전하여, 1837년 초에 러벗 등은 「인민헌장People's Charter」을 작성하여 다음 해인 1838년 5월 8일 전국에 배포하였다. 이 헌장에는 남성의 보통 선거권, 균등한 선거구 설정, 비밀투표, 매년 선거, 의원의 보수 지급, 의원 출마자의 재산 자격 제한 폐지 등 6개조의 항목이 적혀 있었다.

이후 이들의 개혁 운동을 차티스트 운동Chartist Movement이라 하였다. 그리고 이 헌장이 실현되도록 국민 청원 서명 운동을 전개하고, 이를 위한 전국 조직 결성을 확대하여 각지에서 집회를 갖고 행진을 하였다.

그래서 1839년 2월에는 런던에서, 그리고 5월에는 버밍엄에서 통일 대회를 열어 6월에 120만 명의 서명 청원서를 하원에 제출하였다. 그러나 이것은 거부되었고, 러벗 등은 체포되었으며 런던 대회의 파업 결의도 취소되는 등 관헌의 탄압으로 실효를 거두지 못하였다.

이어서 11월 뉴포트에서 '완력' 행사를 주장하는 차티스트들의 무장 봉기가 일어났으나 이것마저도 곧바로 진압되었다. 주동자들은 오스트 레일리아로 추방되었으며, 그밖에 거의 모든 지도자들이 체포되어 단 기간의 구금을 선고받았다.

그 후 1840년 오코너는 맨체스터에서 전국 헌장 협회를 설립하고 1842년에 325만 명의 서명이 적힌 청원서를 제출하였다. 같은 해 버밍 엄에서도 완전 선거권 동맹을 조직하고 역시 의회에 청원서를 제출하 였다. 그러나 다시 모두 거부되어 동맹은 깨지고 차티스트 지도 아래 북부에 퍼졌던 파업 운동도 무력에 의해 진압되었다.

오코너는 그래도 『노던 스타』 및 전국 헌장 협회를 통해 운동을 계 속하였으나 효과를 거두지 못했다. 이어서 하니가 지도자가 되어 마르 크스 및 엥겔스와 협력하여 1845년에 설립한 우애友愛 민주주의 협회를 기반으로 한 노동자 조직을 만들었다.

1848년 프랑스 2월 혁명으로 전 유럽에 혁명적 분위기가 퍼진 가운 데 오코너는 4월 런던에서 청원을 위한 시위 운동을 시도하였다. 그러 나 시위는 무력에 의해 억제되었고, 청원은 하원에 전달되었으나 역시 부결되었다. 그 후 지도자들의 체포와 투옥이 계속되고 전국 헌장 협회 를 중심으로 한 재건의 노력도 헛수고로 돌아 갔다.

하지만 '차티스트 운동'에서 요구한 사항들은 훗날 대부분이 이루어 졌고, 영국의 노동자들은 1867년과 1884년의 선거법 개정으로 선거권 을 인정받게 되었다.

1886년 5월 8일

미국의 약제사 팸버턴, 코카콜라 판매를 시작하다

맛있습니다! 상쾌합니다!

신비한 코카나무와 콜라나무 열매 성분을 함유한 새로운 우리의 음료, 코
카콜라.

-「애틀랜타」

미국 남북 전쟁에 참가했던 약제사 존 스티스 팸버턴(John Stith
Pemberton : 1831~1888)은 자신의 조제실에서 설탕, 캐러멜, 구연산에
갖가지 향료를 넣어 무언가를 제조했다. 그리고 나무 열매에서 추출한
것을 첨가해 탄산음료 원액을 만들었다. 당시에 주류 판매 금지 조치가
있었기 때문에 주류를 대체할 수 있는 음료를 만들고자 한 것이었다.

1886년 5월 8일, 팸버턴은 이 원액을 한 약국에 보내 탄산수를 섞어
톡 쏘는 특이한 음료를 만들게 했다. 그리고 이 원액의 두 가지 성분인
코카Coca 잎과 콜라Kola 열매의 이름을 따서 코카콜라Coca-Cola라는 이름을
붙이고 판매를 시작했다.

그는 코카콜라를 두통, 히스테리, 우울증 등에 효과가 있는 만병통
치약으로 선전하면서 판매를 시작했다. 하지만 광고는 성공적이지 못
했고, 3년 동안 적자만 보았다. 하는 수 없이 팸버턴은 아사 캔들러(Asa
Griggs Candler : 1851~1929)에게 2,300달러에 콜라 제조법을 팔았다.

캔들러는 코카콜라에서 코카인은 빼고 단맛이 나는 음료수로 용도만
바꾸어 팔기 시작해 큰 성공을 거두었다. 두 차례의 세계 대전 때 코카

콜라는 군대 급식 음료로 지정되어 전투에 나간 군인들의 음료로 사용 되었다. 코카콜라 병의 섹시한 라인과 상표의 시원스런 곡선은 군인들 의 큰 환영을 받았고, 언제 어디서나 다 함께 즐길 수 있는 코카콜라가 되었다.

그리고 1920년대 겨울에 판매량이 줄어드는 것을 걱정하던 코카 콜라사社는 상업화가 출신의 헤든 선드블롬(Haddon Sundblom : 1899~ 1976)에게 산타클로스를 그려 달라고 주문하였다. 헤든은 산타클로스 에게 코카콜라를 떠올리게 할 수 있는 하얀 털 달린 빨간색 외투를 입 혔고 커다란 벨트도 채웠다. 또 항상 웃고 있는 뚱뚱한 모습으로 표현 했다.

이후 산타클로스는 코카콜라의 전속 모델이 되어 코카콜라가 오늘날 전 세계에서 폭발적인 인기를 얻는 데 기폭제 역할을 하였다.

1978년 5월 8일

라인홀트 메스너,
세계 최초 에베레스트 산 무산소 등정

8,848m 높이의 '세계의 지붕' 에베레스트 산은 1953년에야 인간의 발 자국을 허락했다. 에드먼드 힐러리(Edmund Percival Hillary : 1919~2008)와 네팔인 셰르파 텐징 노르게이(Tenzing Norgay : 1914~1986)가 그 주인공 이었다. 그러나 순수한 인간의 힘만으로 세상을 발아래에 둔 것은 그로 부터 25년이나 지난 후였다.

1978년 5월 8일, 이탈리아의 등반가 라인홀트 메스너(Reinhold

Messner : 1944~)와 오스트리아의 페터 하벨러(Peter Habeler : 1942~)는 산소통 없이 에베레스트 산에 도전했다. 무릎과 팔꿈치로 기어서 정상에 도달했을 때 둘은 서로를 껴안고 울었다. 절대 불가능한 일이라고 단정했던 고산의학계는 민망함을 감추지 못했고, 언론은 "인간의 진화"라는 찬사를 쏟아냈다. 첫 에베레스트 산 무산소 등정으로 메스너는 하루아침에 유명해졌다.

메스너는 1944년 이탈리아의 브릭센에서 태어났다. 5세 때부터 알프스를 오르내리던 그는 셰르파나 짐꾼 없이 얼마 안 되는 인원이 적은 짐으로 빠르게 정상을 정복하는 알파인 스타일로 히말라야에 도전하고 있었다. 그는 자연 그대로의 폐와 심장과 다리로 산에 오르는 것이 자연을 대하는 공정한 방법이라고 생각했다. 하지만 그의 첫 에베레스트 산 등정은 8,000m까지 오스트리아 원정팀과 함께 짐꾼들의 도움을 받았기에 알파인 스타일이라고 하기에는 조금 부족했다.

그래서 2년 뒤, 메스너는 주변의 도움 없이 혼자서 에베레스트 산 정상 정복에 성공했다.

이후 메스너는 1986년에 세계 최초로 히말라야 8,000m급 14좌에 모두 올랐다. 내려오는 길에 동생을 잃은 1970년 낭가파르바트 등정 이후 16년 만이었다.

14좌 완등 뒤에는 산이 아닌 곳에서도 길을 찾았다. 1990년에는 걸어서 남극 대륙을 횡단했고, 3년 뒤에는 90일 동안 그린란드를 종단했다. 2004년에는 환갑의 나이에 홀로 고비 사막을 가로지르기도 했다.

* 1953년 5월 29일 '뉴질랜드 탐험가 힐러리, 세계 최초로 에베레스트 산에 오르다' 참조

1947년 5월 8일

국제적십자사, 제1회 국제적십자의 날 제정

국제적십자사가 스위스의 인도주의자 앙리 뒤낭(Henri Dunant : 1828~1910)의 탄생을 기념해 1947년 5월 8일을 제1회 '국제적십자의 날'로 제정했다.

뒤낭은 1828년 5월 8일 스위스 제네바에서 태어났다. 본래 사업가였던 뒤낭은 1859년 이탈리아 북부 솔페리노 지역을 여행하다가 오스트리아군과 프랑스·사르디니아 연합군 전투에서 부상병들의 비참한 상황을 보았다. 그는 이때의 체험을 담은 책『솔페리노의 회상』을 출간해 '전쟁과 재해 현장에서 헌신적이고 자격 있는 국제 구호 단체를 설치할 것'을 제안했다.

뒤낭의 제의에 따라 1863년 국제적십자가 창립됐고, 이듬해인 1864년 12개국 대표가 제네바에 모여 '제네바 협약'을 채택·조인하면서 적십자 운동이 시작됐다.

그렇지만 뒤낭은 이후 사업을 제대로 돌보지 못해 파산했고, 그 뒤 1867년 제네바를 떠나 가난하게 살았다. 하지만 그는 계속해서 전쟁포로에 대한 대우, 노예 제도 폐지, 국제적 중재, 무장 해제, 유대인 국가 수립을 위해 힘썼다.

뒤낭은 1901년 스웨덴 스톡홀름에서 개최된 제1회 노벨상 시상식에서 적십자 운동의 공로로 '제1호' 노벨평화상을 수상했다.

오늘날 국제 적십자 운동은 평상시 재난 구호와 취약 계층 지원을 주 임무로 하는 국제 적십자 연맹IFRC, 무장 충돌 지역의 희생자 보호 지원

을 하는 국제 적십자 위원회ICRC, IFRC 179개 회원국의 적십자사 등이 3
대 축을 이뤄 사업을 펼치고 있다.

1955년 5월 8일

북대서양 조약 기구, 서독 가입 승인

제2차 세계 대전 후인 1949년 독일은 서독과 동독으로 분리되었다.
자본주의 체제를 선택한 서독과 공산주의 체제를 선택한 동독은 냉전
체제 속에서 서로 대립하게 되었다.

1954년 10월 조인된 파리 협정에 따라 1955년에 서독이 주권을 회
복하고 5월 8일 북대서양 조약 기구NATO에 가입하였다. 또한 NATO에
의해서 서독은 군비를 부활하기에 이르렀다.

이 조약은 유럽의 반소적反蘇的인 통일 전선을 형성하여 동서 양 진영
의 국제적 대립을 격화하는 하나의 요소가 되었다.

이에 동독은 같은 해 9월 바르샤바 조약 기구에 가입함으로써 대결
구도를 유지해 갔다.

1984년 5월 8일

소련, 미국 로스앤젤레스 올림픽 불참 선언

1984년 5월 8일, 각종 스포츠 경기에서 미국과 1, 2위를 다투어 온
소련이 두 달 뒤 미국 로스앤젤레스에서 열릴 제23회 하계 올림픽에

불참하겠다고 선언했다.

이는 1980년 제22회 모스크바 올림픽 당시 소련의 아프가니스탄 침
공에 항의해 미국 등 60여 개 국가가 올림픽 참가를 거부한 데 대한 보
복의 성격이 짙었다.

실제로 1984년 7월 말에 개막한 로스앤젤레스 올림픽에는 중국을 제
외한 동구권 국가들 대부분이 참가하지 않았다.

5월의
모든 역사

5월 9일

■
·
■

1960년 5월 9일

미국 식품 의약국,
먹는 피임약 에노비드를 승인하다

"이 약이 아이들 수를 줄였을지는 모르지만, 훨씬 좋은 엄마들을 만
들어냈다."

-페이스 샐리

오스트리아의 정신분석학자 지그문트 프로이트(Sigmund Freud : 1856~1939)가 1899년에 『꿈의 해석Die Traumdeutung』을 출판한 이후 인류가 가져왔던 성性에 대한 잘못된 인식이 서서히 바뀌기 시작했다. 프로이트는 과거 동물적인 본능으로 천박하게만 여기던 인간의 성욕을 생명을 지탱하는 힘으로 설명한 것이었다.

1917년에 미국의 의사 매티자카가 여성의 성적 불만을 치료하기 위해 여성용 자위 기구인 바이브레이터vibrator를 도입했다. 1948년에는 앨프레드 킨제이(Alfred Kinsey : 1894~1956)가 「인간 남성의 성적 행동」이라는 보고서를 통해 미국 남성들의 오럴 섹스와 같은 성 행태를 학문적으로 밝혀 사회에 큰 충격을 주고 성의 터부를 허무는 데 기여했다.

그리고 1960년 5월 9일 미국 식품 의약국FDA이 산아 제한용 경구피임약 '에노비드 10'을 정식으로 승인함으로써 인류사에 새로운 이정표가 세워졌다.

에노비드의 개발은 산아 제한 운동을 펴고 있던 미국의 마거릿 생어(Margaret Sanger : 1883~1966)가 1950년에 내분비학자인 핀커스(Gregory Goodwin Pincus : 1903~1967)에게 피임약 개발을 의뢰하면서 출발하였다.

제안을 받은 핀커스 박사는 화학자인 러셀(Russell Earl Marker : 1902~1995)과 함께 멕시코 야생 삼의 뿌리에서 배란을 막는 스테로이드 합성 물질을 추출하는 데 성공하였다. 그리고 푸에르토리코와 아이티 여성을 대상으로 임상실험을 거친 후 판매에 들어갔다.

먹는 피임약 에노버드의 개발로 미국의 경우, 1900년에 가구당 3.5명이었던 평균 자녀수가 1972년 이후에는 2명 정도로 크게 줄었다. 이로써 여성들도 임신의 공포에서 벗어나 더욱 적극적인 자신의 삶을 설계할 수 있게 되었다.

피임법은 남성과 여성을 중심으로 설명할 수 있다. 남성의 피임법은 먼저 기구를 사용하는 방법이 있다. 콘돔을 사용하는 것이 대표적이지만 콘돔의 파손으로 피임에 실패할 확률이 있다. 다음으로 사정 전에 성교를 중단하고 질 외에 사정하는 방법인 성교중절법이 있으나 역시 실패할 가능성이 크다.

여성의 피임법으로는 먼저 배란일을 전후하여 성교를 피하는 방법이 있다. 여기에는 오기노식과 기초체온법이 있다. 오기노식은 월경 주기가 규칙적인 경우에 이루어지는데, 28일 주기의 월경인 경우 제1일부터 계산하여 제14일째의 전 3일간과 후 2일간 총 5일간 동안 성교를 피하는 것이다. 기초체온법은 여성의 기초체온을 계산하여 피임하는 방법이지만 주관적으로 체온을 판단할 경우 피임에 실패할 수 있다.

기구를 사용하는 피임법으로는 피임링을 사용하는 자궁 내 기구와 페서리 등이 있다. 피임링은 자궁강 속에 링을 넣어 수정란의 착상을 막는 방법으로 먹는 피임약보다는 효과가 떨어진다. 페서리는 모자 모양으로 되어 있으며 정자가 자궁 속에 들어가는 것을 막는 기구이다.

그리고 약품을 사용하는 방법이 있다. 먼저 질 속에 넣어 사용하는 방법으로 정제 · 좌약 · 젤리제를 사용하여 정자를 화학적으로 죽이는 방법이다. 다음으로 먹는 피임법, 즉 경구피임약을 사용하는 방법으로 에노비드가 여기에 해당한다. 경구피임약은 피임 성공률이 가장 높아 많이 사용되지만 대신 위장 장애나 구역질 등이 발생할 수 있다.

에노비드의 등장으로 유럽에서는 여성의 성해방을 이끌었다는 찬성론과 문란한 성관계를 일으킨다는 반대론이 대립하기도 했지만, 1970년대에 와서 먹는 피임약은 여성의 당연한 권리로 인정받기 시작했다.

* 1948년 1월 7일 '킨제이 보고서 「인간 남성의 성적 행동」 출판' 참조

1994년 5월 9일

넬슨 만델라, 남아프리카 공화국 대통령 선출

"우리는 마침내 정치적 해방을 성취했습니다. 우리는 모든 사람들을 가난 과 상실, 고통의 노예로부터 해방시킬 것을 스스로 다짐합니다. 결코 이 아름다운 땅에 사람이 사람을 억압하는 상황이 다시는 오지 않도록 합시 다. 신이여, 아프리카에 은총을 베푸소서."

-넬슨 만델라

넬슨 만델라(Nelson Mandela : 1918~)가 이끄는 아프리카 민족 회의 ANC는 1994년 4월에 치러진 최초의 '다인종 의회 선거'에서 전체 유효 투표의 62.5%를 얻는 압승을 거뒀다.

그리고 5월 9일 한평생을 인권 운동에 바친 넬슨 만델라가 남아프리 카 공화국 최초의 흑인 대통령으로 선출됐다. 342년간 이어졌던 백인 통치가 종식되는 역사적인 순간이었다.

만델라는 1918년 7월 18일 트란스케이 움타타에서 템부족族 족장의 아들로 태어났다. 그는 1940년 포트헤어 대학교 재학 중 시위를 주동 하다 퇴학당한 뒤 1944년 아프리카 민족 회의 청년 연맹을 창설하였 다. 1952년에 비백인非白人으로서는 처음으로 요하네스버그에 법률 상 담소를 열고 아파르트헤이트(인종 분리 정책) 반대 운동에 나서는 등 본 격적으로 흑인 인권 운동에 참가하였다.

하지만 1962년 체포되어 재판에서 종신형을 선고받고 악마의 섬 '로 번 섬' 감옥에 18년 동안 갇히는 등 모두 27년을 감옥에서 보냈다. 하지만 인권 운동의 공로를 인정 받아 그는 1993년 노벨 평화상을 받았다.

1990년 백인 정부는 아파르트헤이트를 철폐하고 만델라를 석방하였다. 만델라가 석방된 것은 백인들이 자신들의 부당성을 인정했기 때문이 아니라 국제적 압력을 피해 기득권을 유지하고 흑인들의 보복을 피하려는 계산에 의한 것이었다.

만델라는 석방 뒤 실용주의 노선으로 선회했다. 그는 프레데릭 데 클레르크(Frederik Willem de Klerk : 1936~)의 백인 정부와 협상을 벌여 인종 분규를 종식시켰다. 그리고 최초의 흑인 참여 자유총선거에 의해 구성된 다인종 의회에서 대통령에 선출됐다.

* 1994년 4월 26일 '남아프리카 공화국, 첫 흑백 총선거 실시' 참조

1950년 5월 9일

독일과 프랑스의 석탄 공동 관리, '쉬망 플랜' 제창

1950년 5월 9일 프랑스의 외무 장관 로베르 쉬망(Robert Schuman : 1886~1963)이 '유럽 석탄 철강 공동체 계획', 이른바 '쉬망 플랜'을 제창했다.

쉬망 플랜은 '국경을 초월한 협력 관계를 유지하지 않고서는 서유럽의 미래는 없다.'는 전제하에 서유럽 전체의 자원과 공장을 초국가적

기능에 의해 관리한다는 내용이었다.

따라서 유럽의 석탄·철강 생산을 프랑스와 독일 및 이에 참가하는 유럽 여러 나라의 공동 관리하에 두고, 생산의 합리화와 근대화를 기초로 한 공동 경제 시장을 창설해 결국은 유럽연합으로까지 발전시킨다는 계획이었다. 프랑스와 독일 간의 전쟁 가능성이 사라진다는 것도 부수 효과로 제기됐다.

콘라트 아데나워(Konrad Adenauer : 1876~1967) 서독 수상은 이 제안을 환영하며 독일과 프랑스의 화해라는 중요한 과제를 해결할 수 있는 첫 걸음으로 평가했다.

이듬해 4월 쉬망 플랜을 구체화시켜 프랑스 파리에서 프랑스, 서독, 이탈리아, 벨기에, 네덜란드, 룩셈부르크가 모여 석탄과 강철 자원의 공동 관리에 대한 유럽 석탄 철강 공동체ECSC 조약을 체결하고 12월에 비준함으로 발족했다.

유럽 석탄 철강 공동체는 오늘날 유럽연합EU의 모태가 됐다.

—

1978년 5월 9일

이탈리아의 전 수상 모로,
납치 55일 만에 피살체로 발견

—

테러 단체 '붉은 여단'에 납치된 알도 모로(Aldo Moro : 1916~1978) 전 이탈리아 수상이 1978년 5월 9일 로마 시내에 버려진 승용차 안에서 싸늘한 시신으로 발견됐다.

모로는 55일 전인 1978년 3월 16일 의회에 가기 위해 집을 나섰다가 붉은 여단에 의해 납치됐다. 붉은 여단은 모로 전 총리를 인질로 삼고 수감된 단원들의 석방을 요구했다.

붉은 여단은 이탈리아 정부가 단원들의 석방을 단호히 거부하자 결국 모로 전 총리를 살해한 것이었다.

이탈리아 국민들의 애도 속에 그의 장례식이 거행됐다. 당선 가능성이 높은 차기 대통령 후보로 꼽힌 모로의 피살로 붉은 여단의 테러를 규탄하는 성명과 시위가 잇따랐다.

* 1978년 3월 16일 '이탈리아 전 수상 알도 모로, 붉은 여단에 납치' 참조

1993년 5월 9일

제1회 동아시아대회, 중국 상하이에서 개최

'15억 동아시아인들의 우의 · 진보 · 단결'을 내세운 제1회 동아시아대회가 1993년 5월 9일 중국 상하이에 있는 홍코우 경기장에서 9개국 1,252명의 선수와 임원들이 참가한 가운데 열렸다.

경기는 육상, 축구, 배드민턴을 포함하여 총 12개 종목이었다. 이 대회에서 중국이 1위를 하였고 우리나라는 3위를 차지하였다.

이후 동아시아대회는 매 4년마다 개최되었고, 경기 종목은 모두 22개 종목으로 확정되었다. 2013년에는 중국 텐진에서 제6회 대회가 개최될 예정이다.

5월의
모든 역사

5월 10일

1857년 5월 10일

인도, 세포이 항쟁이 발발하다

"그렇지 않아도 당신은 브라만이라는 그 높은 계급을 잃어버리고
말 것입니다. 왜냐고요? 당신이 입으로 물어 깨뜨려야 하는 화약포
에 소와 돼지의 기름이 발라져 있으니까요."

어느 날 자기보다 낮은 계급의 사람이 물을 나누어 먹자는 말에 고개를 절레절레 흔들었던 한 브라만Brahman 계급의 사람이 이 말을 듣자 기겁을 하고 벌떡 일어났다. 그리고 부대로 가서 화약포에 소와 돼지의 기름이 발라져 있다고 말했고, 이 소문은 곧바로 벵갈군 전 부대로 퍼져나가 세포이들을 흥분시켰다.

왜냐하면 힌두교도들에게 소는 신성한 동물이었으며, 돼지는 이슬람교도들에게는 부정한 동물이었기 때문에 어떠한 경우에도 해치거나 먹어서는 안 되었다. 그런데 만약 소와 돼지기름이 발라진 화약포를 물어뜯어야 한다면 이것은 율법을 어기는 것이었다.

세포이들은 영국 동인도회사에서 고용한 인도인 용병을 말한다. 그들에게는 지켜야 할 엄격한 율법이 있었고, 어떠한 경우라도 율법을 어기게 되면 목숨까지 잃을 수도 있었다. 흥분한 세포이들은 영국인들이 아무 말 없이 그들에게 소와 돼지 기름이 발라진 화약포를 사용하도록 한 것은 카스트 제도를 허물고 신앙을 빼앗아 그들을 기독교도로 만들려는 음모라고 생각했다. 세포이들은 1857년 1월 중순에 저항을 하고 일어났지만 영국군은 주동자를 처형하였다.

불만 속에 숨죽이고 있던 세포이들은 4개월 후인 5월 10일에 본격적인 대규모 항쟁을 시작하였다. 델리에서 60km 떨어진 미루트에서 세포이들이 무기와 탄약고를 습격하고, 화약포 사용을 거부한 동료 세포이들이 갇혀 있는 군 감옥을 부수어 버렸다. 그리고 시내로 나가 세포이들의 항쟁에 따르는 경찰, 민중과 합세하였다. 이들은 영국군 관리를 죽이고 집을 태워버렸다. 당시 인도에서 독점 무역을 하던 영국의 동인도회사는 수단과 방법을 가리지 않고 인도를 착취하였다.

이 때문에 과거 인도로부터 내려오던 전통적인 경제 구조는 파괴되었고 수많은 농민과 수공업자 들은 가난 속으로 빠졌다. 또한 영국이 인도인들에게 강요한 법률은 전통적인 인간관계를 파괴해버렸다. 영국의 선교사들도 인도인들을 기독교인으로 만들기 위해 온갖 수단을 다 부렸다. 힌두교나 이슬람교에서 기독교로 바꾼 사람들에게는 조상의 재산을 상속받을 수 있게 하였다.

다음 날인 5월 11일 새벽, 세포이와 그들을 따르던 민중들은 델리 시내를 장악하고 곧바로 델리 궁전으로 달려갔다. 이곳에서 그들은 영국의 정치 고문들을 체포하거나 살해하고, 허수아비 국가에 불과했던 무굴 제국이 다시 성립되었음을 선언하고 바하두르 샤 2세(Bahadur Shah Ⅱ : 1775~1862)를 황제로 세웠다. 황제가 다시 세워졌다는 소식을 들은 세포이들은 델리로 모여들었으며, 농민과 제후 들도 항쟁에 동참하였다.

황제는 전 인도의 족장과 제후 들에게 인도의 독립을 위해 일어설 것을 권유하였다. 델리에서 시작한 항쟁은 중앙 인도, 펀잡, 비하르 등 전국으로 퍼져나갔다. 하지만 영국의 군대는 강하였다. 영국은 항쟁에 적극적이지 않은 마드라스와 봄베이의 군사, 펀잡의 시크 병사들과 네팔의 구르카 병사들을 포섭하여 반격을 시작하였다.

세포이들 3분의 2가 참여하였던 거센 세포이 항쟁의 불길은 1859년 7월 무렵 진압되었다. 황제는 유배되었고 300년 넘게 인도를 지배하던 무굴 제국은 결국 멸망하였다. 세포이 항쟁의 결과, 영국은 동인도회사를 폐지하고 인도에 정부 기관을 세워 직접 지배하였다.

그리고 1858년 11월 영국의 빅토리아 여왕(Queen Victoria : 1819~ 1901)은 인도인들의 전통과 제도를 존중하며, 기독교로 개종할 것을 강요하지 않는다는 원칙을 발표하였다.

—

2005년 5월 10일

고대 이집트 왕 투탕카멘 얼굴 복원

—

고대 이집트 제18 왕조 제12대 왕인 투탕카멘(Tutankhamen : B.C. 1341~B.C. 1323)의 얼굴이 과학자들에 의해 복원돼 2005년 5월 10일 공개됐다.

투탕카멘은 기원전 1341년 이집트의 테베에서 태어났으며, 투탕카톤으로도 불렸다. 수도 아마르나를 지배하던 이크나톤 왕가의 왕비 네페르티티 밑에서 왕녀들과 함께 양육되었으며, 아케나톤에 이어 파라오가 된 후 왕녀 안케센바톤과 결혼하였다.

이때에 왕은 10세, 왕비는 12세였다. 즉위 3년 후 왕과 왕비는 테베의 주신主神 아멘에 대한 신앙을 나타내기 위하여 각각 이름을 투탕카멘, 앙케세나멘으로 개명하였다.

그 후 그는 9년간 이집트를 통치하면서 수도를 엘 아마르나에서 테베로 천도했다. 그렇지만 투탕카멘은 18세의 나이에 의문의 죽음을 당했다.

1922년 영국의 고고학자 하워드 카터(Howard Carter : 1874~1939)에 의해 발견된 그의 피라미드 안에는 고대 이집트 왕의 권위와 부를 상징하는 황금 마스크도 함께 들어 있었다.

투탕카멘의 복원 작업은 예술가와 과학자 들로 구성된 프랑스, 미국, 이집트의 3개 팀이 각기 별도로 진행했다. 이들은 2005년 초에 찍은 3300년 전 미라 단층 촬영 사진 1,700여 장을 자료로 삼았다.

그 결과, 투탕카멘은 165cm의 키에 둥근 턱과 도톰한 볼, 북아프리

카 카프카스 인종의 전형적인 골상을 갖춘 다소 건장한 몸매의 소유자
로 밝혀졌다.

1508년 5월 10일

이탈리아의 화가 미켈란젤로,
시스티나 성당의 천장화 작업 시작

1504년 이탈리아 로마에 있는 시스티나 성당의 천장에 거대한 균
열이 생기고 오래된 장식이 훼손되기 시작하자 천장을 새로 장식할
필요성이 대두되었다. 그래서 1506년부터 교황 율리우스 2세(Julius
Ⅱ : 1445~1513)는 이탈리아의 유명한 조각가이자 화가인 미켈란젤로
(Michelangelo Buonarroti : 1475~1564)를 접촉하였다.

그리고 교황은 미켈란젤로에게 1508년 5월 10일에 천장을 새로 칠
하는 작업을 맡겼다. 미켈란젤로는 그 후 4년 동안 천장화의 프로그램
을 짜고 설계하여 그 계획에 따라 일을 진행해 나갔다.

그는 일반인은 물론 교황까지 출입을 통제시키고 천장 밑에 받침대
를 세워 직접 그렸다. 얼굴에는 온갖 물감이 흘러내려 피부병이 생겼고
몸은 하프 악기처럼 휘어졌다. 또한 항상 고개를 뒤로 젖히고 그렸기
때문에 고개가 굳어 목이 잘 굽혀지지 않았다.

미켈란젤로는 이런 고통스럽고도 고된 작업을 묵묵히 감당하였다.
그리고 마침내 1512년 10월 시스티나 성당을 일반인에게 공개하였다.

미술사가인 조르조 바사리(Giorgio Vasari : 1511~1574)의 기록에 의하
면 작업이 공개되었을 때 온 세상 사람들이 미켈란젤로가 무슨 그림을

그렸는가를 보려고 달려왔고 그것을 보고는 너무도 경탄하여 할 말을 잊은 채 모두 입을 다물지 못했다고 한다.

* 1512년 10월 31일 '시스티나 성당의 천장화 공개' 참조

—

1872년 5월 10일

우드헐, 미국의 첫 여성 대통령 후보로 지명

—

"나는 여성들에 대한 부당한 처우를 시정할 사회적 · 가정적 혁명을 일으키기 위해 대통령 선거에 출마하겠다."

-빅토리아 우드헐

미국 여성 사상 최초로 대통령 선거에 출마한 빅토리아 우드헐 (Victoria Woodhull : 1838~1927)이 1872년 5월 10일 평등권당 대선 후보로 지명되었다. 그리고 부통령 후보로는 노예 출신의 흑인 민권 운동 저술가인 프레데릭 더글러스(Frederick Douglass : 1818~1895)가 나섰다. 이들은 미국 최초의 흑백 남녀 정부통령 조합이었다.

우드헐은 1838년 미국 오하이오 주 벽촌에서 미신에 빠진 가난한 부모에게서 태어났다. 그녀는 어머니에게 영매술을 배워 여러 지역을 다니며 점을 치거나 심령 치료를 하였다. 그리고 이혼과 재혼을 거듭하면서 여성 참정권 운동 등 각종 사회 운동에 눈을 떴다.

그녀는 잡지 출판을 통해 여성에게 남성과 동등한 권리를 보장할 것과 남녀 모두에게 동일한 도덕적 기준을 적용할 것을 주장했으며, 미국 최초로 「공산당 선언」을 번역, 게재했다.

또한 39세 때 영국으로 건너가 강연 활동으로 영국 상류 사회의 인정을 받았으며, 그녀의 강연에 반한 부유한 은행가와 결혼하기도 했다.

하지만 대통령 후보로 지명된 우드헐은 공화당의 율리시스 그랜트(Ulysses Simpson Grant : 1822~1885)에게 패하여 남성의 높은 벽은 넘지 못하였다.

1940년 5월 10일

영국, 처칠 총리의 연립 내각 성립

1939년 9월 3일 영국은 제2차 세계 대전을 일으킨 독일에게 선전포고를 하였다. 그럼에도 불구하고 독일군은 이듬해인 1940년 5월 10일 중립국으로 구성된 베네룩스 3국, 즉 벨기에, 네덜란드, 룩셈부르크 세 나라를 침공하였다.

베네룩스에 파견돼 있던 영국군과 프랑스군이 맞서봤지만 파죽지세로 진격해 들어가는 독일군에 힘없이 밀려났다. 독일군은 프랑스의 방위선인 마지노선의 북단을 가로질러 영국 해협으로 진출하면서 영국군과 프랑스군을 남 · 북으로 갈라놓고 포위망을 좁혀갔다.

그리고 이날 영국에서는 체임벌린 내각이 사임하게 되고 아서 체임벌린(Arthur Neville Chamberlain : 1869~1940)의 후임으로 대독 강경론자인 윈스턴 처칠(Winston Leonard Spencer Churchill : 1874~1965)이 총리에 올랐다. 처칠은 진정한 거국 내각을 실현하기 위해 이전의 적대 관계를 뛰어넘어 노동당도 연립정부에 참여시켰다.

그리고 1940년 5월 13일 처칠은 의회에서 "나에게는 피와 수고와 눈물과 땀 이외에는 내놓을 것이 아무것도 없습니다."라고 말하며 신임 총리로서 첫 연설을 했다.

1869년 5월 10일

미국, 대륙 횡단 철도 완공

미국은 1865년 남북 전쟁이 끝나자 우선 대서양과 태평양을 잇는 철도를 부설하기 시작했다. 동쪽에서 서쪽으로 철도를 부설하는 유니언 퍼시픽 철도 회사 노선은 뉴욕에서 오마하, 미주리로 확장됐다. 그리고 서쪽에서 동쪽으로 철도를 부설하는 센트럴 퍼시픽 철도 회사 노선은 캘리포니아의 새크라멘토에서 출발하였다.

그래서 대서양과 태평양을 잇는 첫 대륙 횡단 철도인 유니언 퍼시픽 Union Pacific 철도가 4년간의 공사를 거쳐 1869년 5월 10일 완공되었다. 이로써 서부의 역사는 바뀌게 되었다.

과거 서부 개척 시절, 사람들이 서부를 가려면 역마차를 타고 가야 했다. 하지만 중국의 최하층 노동자인 쿠울리Cooly의 피와 땀이 묻어 있는 대륙 횡단 철도의 완성으로 더 안전하고 빠르게 동서를 오가게 되었다.

한편 최초의 대륙 횡단 열차는 7월 23일 새크라멘토를 출발하여 엿새 만인 29일 뉴욕에 도착했다.

5월의
모든 역사

5월 11일

∎
∎
∎

330년 5월 11일

콘스탄티누스 1세, 콘스탄티노플을 수도로 정하다

"역사상 그 어느 지배자도, 알렉산드로스도, 앨프레드도, 샤를마뉴도, 예카테리나도, 프리드리히도, 그레고리우스도, 콘스탄티누스만큼 '대제'라는 칭호에 완벽하게 어울리는 인물은 없다."

-존 노리치, 『비잔티움 연대기』

콘스탄티누스 1세(Constantinus I : 274~337)가 330년 5월 11일 비잔티움 제국을 건설했다. 음모와 계략이 난무하는 로마를 떠나 소도시 비잔티움을 수도로 정하고, 자신의 이름을 따 콘스탄티노플로 변경한 것이었다.

콘스탄티노플은 보스포루스 해협 입구에 자리 잡은 삼각형의 반도에 위치해 흑해와 마르마라 해를 이어주고, 유럽과 아시아를 갈라놓는 경계에 자리한 요충지로, 수도로서의 모든 요건을 갖추고 있었다.

전설에 따르면 콘스탄티노플은 그리스 메가라 출신의 비자스가 창건했다고 한다. 기원전 600년경에는 작은 촌락들이 발달하고 있었다. 로마의 셉티미우스 세베루스(Lucius Septimius Severus Pertinax : 146~211) 황제가 동방의 페스케니우스 니게르(Gaius Pescennius Niger Justus : ?~194)와 로마 제국을 놓고 내전을 벌였을 때, 비잔티움은 니게르 편에 서서 세베루스군에 저항했다.

당시 비잔티움에는 천혜의 지형과 많은 수의 함대와 기술자 프리스쿠스가 고안한 각종 기계 장치가 있었다. 비잔티움은 이것을 바탕으로 군사와 백성 들이 격렬하게 저항해 무려 3년 동안이나 버텼다. 이 때문에 도시가 함락된 후 세베루스 황제의 보복 조치로 비잔티움은 페린투스 시의 일부로 격하되었다.

이후 비잔티움은 막시미누스 다이아(Maximinus Daia : 305~313) 황제의 지배를 받았다. 하지만 막시미누스는 동로마 황제인 리키니우스(Valerius Licinianus Licinius : 270?~325)의 반격을 받아 죽었다. 그리고 리키니우스는 11일간의 포위 공격으로 비잔티움을 점령하였다.

한편 콘스탄티누스는 274년 오늘날의 세르비아와 불가리아에 해당하는 지역인 모에시아에서 태어났다. 그는 어린 시절 소아시아 지역에

있는 니코메디아 궁정에 보내져 그곳에서 자랐다. 페르시아와 이집트
에서 복무했고 잉글랜드의 요크에서 부황제로 즉위했다.

그 후 6년간 콘스탄티누스는 막센티우스(Marcus Aurelius Valerius
Maxentius : 278?~312) 황제의 부황제로서 갈리아와 이탈리아에서 지냈
다. 그리고 312년에 막센티우스를 물리치고 로마를 장악해 서로마의
유일한 황제가 되었다.

비잔티움에는 서방의 콘스탄티누스와 동방의 리키니우스만 남게 되
었다. 리키니우스는 로마 제국을 완전히 통일하려는 콘스탄티누스의
맹공을 받아 처음에는 잘 버텼다. 하지만 콘스탄티누스의 맏아들 파비
우스 율리우스 크리스푸스(Flavius Julius Crispus : ?~326)가 수군을 이끌
고 헬레스폰토스 해협으로 돌진하여 이틀간의 전투 끝에 130척의 배와
5,000명의 병사를 수장시킨 것이 급격히 전세를 반전시켰다.

바다의 장악으로 보급을 원활히 받게 된 콘스탄티누스는 323년에 동
로마 황제 리키니우스를 쳐부수고 그를 사로잡아 동-서 로마를 통합함
으로써 비잔티움을 손에 넣을 수 있었다.

콘스탄티누스는 분열된 제국을 재통일하고 330년 5월 11일 이 도시
의 이름을 '새로운 로마Nova Roma'로 부르고 동로마 제국의 수도로 선포
하였다.

콘스탄티누스는 제국의 해체를 막고, 영토와 문화 면에서 이질적인
요소들을 새롭게 통합시키는 임무를 떠맡았다. 이 제국을 위해 콘스탄
티누스 대제는 세속적인 토대와 영적 토대를 모두 마련했다.

그리고 그는 여기에 로마의 위대한 정치적 유산과 헬레니즘 세계의
문화적 유산, 그리스도교 신앙의 폭발적인 역동성을 융합시켰다. 그것
은 향후 1123년간이나 지속되었고, 여든여덟 명이나 되는 지배자가 통

치할 수 있는 원동력이 되었다.

그 후 콘스탄티노플은 비잔티움 제국의 수도로 번성했는데 이슬람과 불가르족 등 여러 이민족의 침입을 받았으나 천혜의 자연적 조건으로 한 번도 함락되지 않았다.

1204년, 제4차 십자군의 침공 때 베네치아 공화국을 비롯한 서유럽의 라틴인들에게 함락되었지만 57년 만인 1261년 미카엘 8세(Michael VIII Palaiologos : 1223~1282)에 의해 탈환되었다.

그러나 콘스탄티노플은 1453년 5월 29일 오스만 제국의 술탄 메메드 2세(Mehmed Ⅱ : 1432~1481)에 의해 함락되면서 동로마 제국 시대의 막을 내렸다.

* 1204년 4월 12일 '제4차 십자군, 비잔틴 제국의 콘스탄티노플을 점령하다' 참조
* 1453년 5월 29일 '비잔틴 제국, 오스만 제국에게 멸망' 참조

1997년 5월 11일

컴퓨터 딥블루, 세계 체스 챔피언에게 승리

로봇 공학의 전문가인 미국의 모라벡은 그의 책 『로봇』에서 2050년 이후에는 지구의 주인이 인간에서 로봇으로 바뀐다고 주장하였다. 과연 컴퓨터나 로봇이 인간만이 할 수 있는 고도의 지적 처리 기술을 넘어서는 인공지능을 가질 수 있을 것인가?

1997년 5월 11일 미국의 뉴욕에서는 세계 체스 챔피언인 러시아의 게리 카스파로프(Garry Kimovich Kasparov : 1963~)와 미국의 한 도전자가 마주 앉아 있었다. 게리는 '천 개의 눈을 가진 사나이'라고 불릴 만큼 정확한 상황 판단과 계산을 하는 승부사였다.

이것은 1985년 22세 때 세계 체스 챔피언에 오른 이후 12년 동안 한 번도 진 적이 없는 경력이 말해 주었다. 그리고 그 앞에 마주하고 있는 미국의 도전자는 아이비엠IBM 컴퓨터 딥 블루Deep blue였다.

이때까지의 상대 전적은 1승 3무 1패. 단 한 번의 승부로 경기는 끝나게 되었다. 인간의 자존심을 지켜야 하는 카스파로프와 세계 최고 컴퓨터의 대결이었다. 대국이 시작되었다. 그러나 1시간 2분이 지나자 카스파로프는 체스판을 뒤엎어 버렸다. 불과 19수만에 딥 블루가 이기는 순간이었다.

딥 블루는 미국의 컴퓨터 회사인 IBM이 8년간의 연구 개발 끝에 만들어낸 슈퍼컴퓨터로, 딥 블루에게는 과거 100년 동안 열린 주요 체스 경기의 기보와 유명 체스 선수들의 경기 스타일이 내장되어 있었다. 또한 32개의 마이크로프로세서를 가졌고 초당 3억 개의 경우의 수를 계산하는 능력을 지녔다.

비록 딥 블루가 체스 경기에서는 인간을 이겼지만, 아직 컴퓨터가 바둑과 같이 무한에 가까운 경우의 수를 가진 게임에서는 인간을 이길 수가 없다. 361개의 점 바둑판을 이용하는 경우의 수는 $361 \times 360 \times 359 \times 358 \times \cdots = 361!$, 즉 $1.437...e+768$이다. 이것은 현존하는 슈퍼컴퓨터의 연산 속도로는 불가능하다.

하지만 양자컴퓨터를 이용할 수 있으면 지금 수억 년 이상이 걸리는 계산도 몇 분 안에 할 수도 있다고 한다. 인간을 따라오지 못하는 인공

지능의 한계가 점점 사라지고 있다.

1995년 5월 11일

세계 보건 기구,
에볼라 바이러스로 164명 사망 발표

1967년 독일의 미생물학자 마르부르크는 콩고 민주 공화국의 에볼라 강에서 한 바이러스를 발견하였다. 그것을 검사해 본 결과, 긴 막대 모양, 나뭇가지 모양, 끝이 구부러진 모양 등 다양한 형태학적 특징을 가지고 있었다. 그리고 직경은 80mm, 길이는 700~1,400nm 정도였다.

마르부르크는 이 바이러스의 이름을 발견된 강의 이름을 따서 에볼라 바이러스로 명명하였다.

처음에 의사들은 이 바이러스에 걸린 환자들이 찾아왔을 때 단순히 말라리아로 판명하고 치료하였다. 그러나 이들이 집으로 간 지 며칠 만에 사망하자 문제가 심각해졌다. 더구나 환자들을 치료할 때 사용한 주사기를 다시 사용하여 사망자들은 더욱 늘어났다.

또한 이 바이러스에 감염되면 유행성 출혈열 증세가 나타났고, 감염 후 일주일 이내에 50~90%의 치사율을 보였다. 바이러스는 혈관을 통해 모든 장기로 이동, 장애를 일으키며 출혈과 함께 사망에 이르게 하였다.

에볼라 바이러스는 1976년 콩고 민주 공화국과 수단 등지에서 대거 발병한 기록이 있다. 그리고 1995년 5월 11일 세계 보건 기구WHO는 콩고 민주 공화국의 키크위트 지방에서 에볼라 바이러스가 집단으로 발병하여 164명의 사망자를 냈다고 발표하였다.

이후 과학자들은 에볼라 바이러스를 퇴치하기 위해 연구를 계속 하였으나, 현재까지는 자연계 숙주를 발견하지 못한 상태다.

2000년 5월 11일

인도 인구 10억 돌파

2000년 5월 11일, 인도 인구가 공식적으로 중국에 이어 10억을 넘어섰다. 인도에서는 평균적으로 매분 29명, 하루로 치면 4만 2,000명씩 신생아가 태어나는 것으로 되어 있다. 하지만 출생 기록도 명확치 않고 해서 사실 인도의 정확한 인구는 아무도 모른다.

이 때문에 유엔 개발 계획UNDP은 1999년 8월 15일에 인도 인구가 10억 명을 넘어선 것으로 추정하기도 하였다. 그러나 인도 정부와 유엔 인구 기금UNFPA은 2000년 5월 11일을 '디데이D-day'로 설정했다.

그리고 이날 낮 12시 20분, 드디어 뉴델리 사프다랑 병원에서 10억 번째 인구로 공식 지명된 여자 아기가 태어났다. 그 아이에게는 힌두어로 믿음을 뜻하는 '아스다'란 이름이 지어졌다.

1901년 지금의 파키스탄-방글라데시 지역까지 포함해 2억 3,800만이던 인도 인구는 100년 만에 5배로 늘어나면서 세계 인구 60억 중 6분의 1을 차지하게 됐다.

1년에 1,500여 만 명씩 새로 태어나고 있는 인도는 현 추세를 그대로 유지할 경우, 50년 내에 인구 15억 명에 달해 중국을 앞지를 것으로 추산되고 있다.

1926년 5월 11일

노르웨이의 탐험가 아문센, 비행선으로 북극 횡단

영국의 탐험가 로버트 스콧(Robert Falcon Scott : 1868~1912)과의 남극점 정복 경쟁에서 이긴 것으로 잘 알려진 노르웨이 출신의 로알드 아문센(Roald Amundsen : 1872~1928)에게는 색다른 기록이 또 있다.

1926년 5월 11일 비행선 노르게호를 타고 북극 횡단 비행에 성공했던 것이다. 이 비행선에는 아문센 외에 미국의 엘즈워스와 비행선을 조종한 이탈리아의 노빌레가 함께 타고 있었다. 비행선으로 북극 횡단 비행에 성공했다는 소식은 단번에 각 언론을 통해 세계 곳곳으로 알려졌다.

아문센은 1928년 노빌레가 지휘하는 비행선 이탈리아호가 북극 상공에서 조난당하자 구조대원으로 출동했다. 그러나 그 길로 아문센은 세상으로 돌아오지 못했다. 현실적인 부와 명예를 뒤로 하고 동료를 구하려다 아문센은 이렇게 최후를 맞이한 것이었다.

한편 노빌레는 조난 1개월이 지나서 스웨덴 비행기에 구조됐다.

5월의
모든 역사

5월 12일

1871년 5월 12일

비스마르크, 독일 제국의 초대 총리에 취임하다

"현재의 큰 문제는 언론이나 다수결에 의해서가 아니라 철과 피에 의해서 결정된다."

-비스마르크

오토 에두아르트 레오폴트 폰 비스마르크(Otto Eduard Leopold von Bismarck : 1815~1898)는 1815년 프로이센의 쉰하우젠에서 지방 귀족의 아들로 태어났다. 그는 괴팅겐과 베를린 두 대학교에서 공부한 후 프로이센의 관리가 되었다. 호전적인 기질로 인해 대학 시절 친구들과 싸움이 잦았으며 처음 맡은 베를린 법원 견습 서기직도 성격에 맞지 않아 자주 자리를 이탈하였다고 한다.

그러나 1847년 비스마르크는 독실한 기독교 신자였던 여성과 결혼하면서 과거의 자신을 버리고 독실한 신도가 되었다. 이후 그는 프로이센 연방의회 의원이 되어 정계에 입문하였다.

비스마르크는 1848년 베를린 3월 혁명 때에는 반혁명파로 활약했고 보수당의 창립 멤버로 참여하였다. 그는 혁명 후 프랑크푸르트에서 열린 독일 연방의회에 프로이센 대표로 임명되어 프랑크푸르트에 부임하였다. 그는 처음에는 오스트리아와의 협조를 통한 독일의 통일을 주장하였지만 결국 오스트리아가 프로이센을 동등하게 취급하지 않는다는 판단에 따라 후에는 오스트리아와 자주 대립하였다.

1848년 전후에 보수적인 정치가에 불과하였던 그는 1859년 러시아 주재 대사, 1862년 프랑스 주재 대사가 되면서 안목을 넓혔고, 1862년 국왕 빌헬름 1세(Wilhelm Ⅰ: 1797~1888)가 군비 확장 문제로 의회와 충돌하던 시기에 프로이센 총리로 임명되었다.

그는 취임 첫 연설에서 이른바 '철혈 정책'의 의지를 밝혔다. 그는 의회와 대립하면서도 독단으로 군비 확장을 강행하였고, '철의 수상'이라는 별명을 얻었다.

결국 그는 1864년, 1866년 각각 덴마크와 오스트리아와의 두 차례의 전쟁에서 승리하여 북독일 연방을 결성하였고, 나아가 1870~1871년 프랑스와의 전쟁에서도 승리함으로써 독일 통일을 이룩하였다. 비스마르크는 1871년 5월 12일 독일 제국의 초대 총리에 취임하였고, 1890년까지 이 지위를 독점하였다.

경제 면에서 그는 보호 관세 정책을 써서 독일의 자본주의 발전을 도왔으나, 정치 면에서는 프로이센의 지주 계층인 융커와 군부에 의한 전제적 제도를 그대로 남겨 놓았다. 그리고 외교 면에서는 유럽의 평화 유지에 진력하였으며, 3제 동맹, 독일-오스트리아 동맹, 3국 동맹, 이중 보호 조약 등 동맹과 협상 관계를 체결하여 숙적이었던 프랑스를 고립시키려 했고, 독일의 국력을 신장시켜 그 지위를 높이려 했다.

그러나 국내에는 많은 반대 세력이 있었는데, 일례로 1872년부터 카톨릭교도들을 억압하기 위해 '문화 투쟁'을 시도했으나 실패하며 반발을 불러 일으켰다. 특히 사회주의 세력을 견제하기 위해 1878년 사회주의자 진압법을 제정하는 한편 슈몰러(Gustav von Schmoller : 1838~1917) 등의 강단講壇 사회주의 사상을 도입하여 사고 · 질병 · 양로 보험 등의 사회 정책을 추진하여 사회주의 세력을 와해시키려 하였다. 그러나 이러한 노력에도 불구하고 사회주의 세력은 증가하고 그는 목적을 충분히 달성하지 못했다.

그는 원래 현상유지론자였음에도 불구하고 식민지를 확장하여 1884년 아프리카에 토고 · 카메룬, 1885년 독일령 동東아프리카 등을 경영하였다. 그가 집권할 때에 독일 공업은 유럽에서 가장 발전했기 때문에, 비스마르크 집권 말기에는 그의 평화 정책에 반대하는 제국주의자가 늘어갔다.

1888년 빌헬름 2세(Wilhelm II : 1859~1941)는 즉위한 후 정책의 주도권을 놓고 비스마르크와 충돌하였다. 1890년 3월 빌헬름 2세가 비스마

르크에게 사직서를 제출하도록 압박함으로써 그의 28년간에 걸친 정
치가 수명은 끝을 맺었다. 그리고 비스마르크는 1898년 3월 18일 83세
를 일기로 사망하였다.

비스마르크는 독일 제국의 초대 총리로 독일 통일과 국가 발전에 큰
공적을 남겼다는 평가를 받고 있다.

2008년 5월 12일

중국 쓰촨 성에 7.9 강진 발생

2008년 5월 12일 중국 쓰촨 성의 성도인 청두에서 북서쪽으로 약
90km 떨어진 지역에서 리히터 규모 7.9의 대지진이 일어났다.

이 강진으로 한 중학교 건물이 무너져 900여 명의 학생이 매몰되었
다. 또한 충칭에서 초등학교 건물이 무너져 4명이 숨진 것을 비롯해, 학
교 5곳이 추가로 붕괴돼 수백 명이 매몰됐다. 이밖에도 중국 시팡의 한
화학 공장이 지진으로 부서져 수백여 명이 갇히고, 80t 가량의 암모니
아 액체가 유출되는 사고가 발생하기도 했다.

강진의 여파는 베이징과 상하이의 건물까지 흔들었다. 그리고 간쑤
성과 칭하이 성, 후난 성, 후베이 성, 산시 성, 산둥 성에서도 진동이 느
껴졌다. 미국 지질학 연구소는 "쓰촨 성 지진이 규모가 크고 진앙지가
얕은데다, 인구 밀집 지역과 근접해 있어 대단히 위험하다."고 밝혔다.

바다 건너 하이난 섬을 비롯해 타이와 대만, 베트남에서도 진동이 느
껴졌다. 홍콩 천문대는 홍콩에서도 트럭이 옆을 지나갈 때 느끼는 정도
의 진동이 감지됐다고 밝혔다. 이 바람에 홍콩에서 청두로 향하는 항공

편 3편이 취소되는 등 하늘길도 곤욕을 치렀다. 파리에서 홍콩으로 향하는 항공편 기착지가 베이징으로 변경되는 등 국제선도 피해를 봤다.

1966년 5월 12일

히피 패션, 영국 런던에 상륙

1966년 5월 12일 미국에서 건너온 이른바 히피 패션이 영국 런던 패션의 진원지인 카나비에 상륙했다.

베트남 전쟁에 반대하며 평화를 원했던 히피족은 그들의 이념과 사상을 외모로 표현하였다. 자유와 반전의 상징인 꽃은 직물의 프린트나 액세서리로 많이 사용되었고, 자연스러운 느낌의 손뜨개나 패치워크 등을 많이 이용하였다.

인종 차별에 대한 반항으로 히피족은 인디언, 아프간, 인도의 민속 복식을 차용하였다. 전원풍의 집시 의상이나 주름과 술 장식, 끝이 풀어진 청바지와 길이가 긴 케이프, 동양풍의 자수, 꽃무늬가 수놓아진 셔츠 등이 대중적인 패션으로 유행하였다.

도시적 물신주의에 대해 항거하며, 전원생활을 원하였던 이들은 자유롭게 염색한 티셔츠, 유럽 농부들이 입었던 헐렁한 페전트 블라우스와 폭이 넓고 긴 스커트를 즐겨 입었다.

이는 기성세대의 가치관과 관습에 대한 히피족 특유의 반항 의식을 나타내며 당시 젊은이들 사이에서 선풍적인 인기를 끌었다.

비틀스 음악에 열광하던 히피족 패션은 1966년 초 미국 샌프란시스코에서 태동해 영국 런던과 프랑스 파리 등 유럽으로 빠르게 확산됐다.

이때부터 영국은 1960년대 패션과 디자인의 중심이 되었다.

1998년 5월 12일

인도네시아의 자카르타, 유혈 시위 발생

1998년 1월부터 경제 및 고물가 등으로 전국에서 산발적으로 일어난 인도네시아의 시위와 소요가 점차 정점을 향해 급상승하였다. 이후 잠시 소강상태를 보였던 대학생 시위가 1998년 5월 12일 수도 자카르타 트리삭티 대학교에서 학생 6명이 사망하면서 성난 파도로 바뀌었다.

이 사태로 수천 명의 대학생과 자카르타 시민 들이 유혈 사태에 흥분하면서 상점과 주유소, 경찰 차량을 불태우는 등 사태가 더욱 걷잡을 수 없는 상태로 빠져들었다.

하지만 시위대들은 이날 수하르토(Suharto : 1921~2008) 대통령의 하야를 외치며 정면 돌파를 시도하다, 군경이 발사한 플라스틱 탄에 맞아 하나둘씩 흩어졌다.

결국 5월 21일 수하르토의 사임 발표로 자카르타 유혈 사태는 마무리됐고, 인도네시아 국민들에게는 자신들의 민주화 요구가 정당했음을 확인시켜 주었다.

* 1998년 5월 21일 '수하르토 인도네시아 대통령 사임 발표' 참조

5월의
모든 역사

5월 13일

.
.
.

1127년 5월 13일

북송의 황제 휘종, 금나라 군대의 포로가 되다

"제발 그러지 마십시오. 제가 불효무도했던 탓으로 아버님이 이런 변을 당하셨습니다. 아버님이 죽음을 택한다면 저는 어떻게 되겠습니까. 만세에 죄인이 됩니다." 북으로 아버지 휘종과 함께 끌려가는 흠종이 목놓아 울었다.

-『선화유사』

'형용고흑形容枯黑'. 생김새가 마르고 검어 귀인의 모습이 아니었다. 중국의 역사 소설 『선화유사宣和遺事』에는 유배지로 끌려가는 북송 황제의 비참한 모습이 실려 있다.

당나라 멸망 후 오대십국五代十國의 혼란기를 거쳐 조광윤(趙匡胤 : 927~976)이 송宋을 세운 것은 960년이다. 이후 송은 신법파와 구법파로 나뉘어 당쟁이 끊이지 않았고, 백성들은 높은 세금으로 가난에 허덕였다. 밖으로는 거란족이 세운 요나라가 송을 넘보고 있었다.

1110년 제8대 황제에 오른 휘종(徽宗 : 1082~1135)은 오랑캐를 통해 오랑캐를 잡는다는 전통적인 이이제이以夷制夷 정책에 따라, 요의 지배를 벗어난 만주족이 세운 금나라와 동맹을 맺었다. 이것을 '송금宋金 해상의 맹'이라 부르는데, 요가 육로 중간에 끼어 있어 바닷길인 발해만을 통해 사자가 왕래하면서 맺었기 때문이다.

그 내용은 요를 멸망시키면 송은 장성 이남의 땅인 연운 16주 중 6주를 차지하고, 대신 금은 송이 요에게 주던 예물과 10주를 받기로 한 것이었다. 동맹에 따라 송과 금의 협공이 시작되었다. 금은 마치 호랑이를 타고 달리는 기호지세騎虎之勢로 약속한 10주를 정벌하였다. 그런데 송은 나머지 6주를 공격하였으나 오히려 요에게 공격 받았다.

급해진 송은 금에게 도움을 요청했다. 금은 역시 기호지세로 요의 수도인 연경을 점령하여 송을 구했다. 금의 신하들은 황제인 아구다(阿骨打 : 1068~1123)에게 나머지 6주마저 점령하자고 말했으나 아구다는 약속을 지켜 6주를 송에게 돌려주었다. 대신 6주를 점령하기 위한 비용으로 동전 100만 관과 군량미 20만 섬을 받기로 했다.

송은 한창 전성기를 맞고 있는 금과 국경을 마주하게 되었다. 그러나 송은 6주 점령 대가로 주기로 한 배상금을 금에게 주지 않았다. 또한 송은 다시 이이제이 정책에 따라 망한 요나라의 황제와 연락하여 금을 견제하려고 음모를 꾸몄다.

그러나 이 음모가 금에게 들켰고, 배신감에 사로잡힌 금은 연경을 점령하고 남쪽으로 내려와 송의 수도인 개봉을 위협하였다. 이때 송의 황제 휘종은 두려움을 느끼고 황제 자리를 아들인 흠종(欽宗 : 1100~1161)에게 넘기고 남쪽으로 피난해 버렸다. 이때 휘종 스스로 자신의 잘못을 뉘우치는 글을 썼다.

"지난날의 죄는 아무리 뉘우쳐도 끝이 없다. 신하와 백성들은 부디 국가를 위해 북쪽의 오랑캐를 물리쳐 주기 바라노라."

황제 자리를 물려받은 흠종은 어찌할 줄 몰랐다. 금은 배상금을 늘려주는 조건으로 물러났다. 하지만 송은 또다시 배상금을 물어주지 않았다. 금과의 전쟁을 주장하는 송의 신하들이 휘종을 수도로 모셔왔다. 다시 금의 군대가 내려왔다. 이때는 송도 어쩔 수가 없었는지 금의 모든 요구를 받아들였다.

그리고 금나라 황제를 큰아버지로 모시기로 약속했다. 흠종은 아버지 휘종을 가두어 버리고 휘종을 따르던 신하들을 죽였다. 송에서는 다시 금과 싸우자는 주전론이 우세해졌다. 그래서 금에게 주기로 한 3개 지역을 주지 않았다.

송에게 계속 속았던 금은 이제 더 이상 믿지 않기로 했다. 개봉은 포위되었고, 송은 다시 화의를 요청했으나 금은 그냥 넘어가지 않았다. 개봉의 재물은 약탈당하고 도시는 불길에 휩싸였다.

그리고 1127년 5월 13일 휘종과 흠종은 금나라의 포로가 되어 북으로 끌려 갔다. 이 사건을 '정강靖康의 변變'이라 한다. 흠종의 동생 강왕만은 남쪽으로 피신하여 다시 남송南宋을 세워 고종(高宗 : 1107~1187) 황제가 되었다.

한편 정강의 변 이후 금은 몽골 · 남송 연합군에게 1234년에 멸망하였으나, 다시 여진의 누르하치(努爾哈赤 : 1559~1626)가 여진족을 통합하여 후금後金을 세웠다. 이후 후금은 청으로 국호를 바꾸었다.

—

2005년 5월 13일

우즈베키스탄, '안디잔 학살' 자행

—

2005년 5월 13일, 중앙아시아 우즈베키스탄의 동쪽 끝 안디잔 지역에서 정부 보안 병력이 주민들에게 발포하여 수백 명이 숨지는 사건이 벌어졌다. 이른바 '안디잔 학살'로 불리는 참사였다.

우즈베키스탄 정부는 187명이 숨졌다고 발표했지만, 주민들과 국제 인권 단체들은 사망자가 수천 명에 이른다고 주장하였다.

우즈베키스탄은 1990년 소련에서 독립한 이래 그해 12월 대통령 선거에서 당선된 이슬람 카리모프(Islam Karimov : 1938~) 대통령의 1인 통치를 받고 있다. 이 나라에서는 정치 · 경제 · 사회 · 문화 모든 분야를 카리모프 일가가 쥐고 있다. 부패한 정부는 탈사회주의 개혁 · 개방에 실패한 채 아랄 해 등지의 석유 · 천연가스 자원을 외국에 팔아 명백을 유지하고 있다.

안디잔은 이슬람 세력의 목소리가 큰 지역이었다. 무능한 정부에 대한 주민들의 반감이 높아진 사이, 이슬람 조직들은 소액 금융과 구호

활동 등을 맡아 하며 신망을 얻었다. 그러자 정부는 2004년 6월 '히즈
밧 타흐리르'라는 무슬림 그룹이 정부 전복을 꾀했다며 23명을 구금
했다.

　　정부는 "이슬람 테러 용의자 23명을 체포했다."고 밝혔으나 주민들
은 "지역 사업가들일 뿐"이라며 맞섰다. 주민들의 반발은 더욱 커졌고,
이듬해 봄까지 시위가 이어졌다. 정부는 결국 학살로 주민들의 입을
막았다.

　　안디잔 학살이 일어나자 서방은 일제히 카리모프 정부를 비판했다.
카리모프는 이에 맞서 미군에 빌려줬던 기지를 다시 빼앗고, 중국, 러
시아와 밀착하기 시작했다. 인권 탄압을 강력 비난한 유럽과는 완전히
등을 돌렸다.

　　안디잔 사건의 실상은 여전히 베일에 가려져 있다. 당시 우즈베키스
탄 정부는 외신들의 현장 취재를 철저히 막았을 뿐 아니라, 자국 내에
들어와 있던 외국인들까지도 내보냈기 때문이다.

━━

1981년 5월 13일

교황 요한 바오로 2세 피격

━━

"그와 나 사이에 나누었던 이야기는 둘만의 비밀로 남을 것이다. 내게 총
을 쏜 형제를 위해 기도하자. 나는 이미 진정으로 그를 용서했다."

　　　　　　　　　　　　　　　　　　　　　　　　　-요한 바오로 2세

로마 교황 요한 바오로 2세(Joannes Paulus Ⅱ : 1920~2005)가 1981년 5

월 13일 이탈리아의 베드로 광장에서 터키 출신 극우 테러리스트 메흐메트 알리 아자(Mehmet Ali Agca : 1958~)가 쏜 2발의 총격을 받고 부상했다. 교황은 전용 지프차를 타고 순례자들 사이를 지나는 중이었다.

교황은 급히 병원으로 후송돼 6시간의 긴급수술을 받고 4일 만에 회복됐다. 아자는 현장에서 곧바로 체포됐다. 3명의 불가리아인이 아자 및 다른 3명의 터키인과 공모한 혐의를 받았으나 증거 부족으로 석방되었다.

아자는 개인적인 테러였다고 주장했다. 배후에 대해 의혹이 일었지만 밝혀지지 않았고, 다만 기독교 세계를 저주하는 회교도가 광신도적 정신 상태에서 범행을 한 것으로 추측되고 있다.

이 사건은 테러리즘과 황폐한 현대 문명에 대한 경종이 되었다. 아자는 재판에서 종신형을 선고받았으나 2년 후 교황이 그가 수감된 로마 레비비아 교도소를 찾아가 사면을 요청했다.

그러나 아자는 2000년에 이탈리아에서 터키로 이송되어 30년을 복역한 후 2010년 석방됐다.

━

1918년 5월 13일

미국 '거꾸로 된 제니' 우표 발매

━

1918년 5월 13일 미국은 세계 최초로 항공 우편 우표를 발매하였다. 미국의 첫 공식적인 항공 우편 비행 이틀 전이었다. 그런데 그중에서 우정국 관리들의 치명적인 실수로 비행기 도안이 거꾸로 인쇄된 24센트짜리 우표가 발매되었다. 일명 '거꾸로 된 제니Inverted Jenny'라는 우표였다.

거꾸로 된 제니

당시의 우표 인쇄는 액면과 국명 등이 들어간 프레임과 중앙의 주된 도안 부분을 따로 인쇄했는데 이 과정에서 일부 우표 용지가 뒤집혀 인쇄되면서 이 같은 현상이 생긴 것이었다.

일반적으로 대부분의 잘못 인쇄된 우표는 우표 검사관에 의해 발견되어 폐기 처분된다.

당시 '꺼꾸로 된 제니'를 팔았던 우체국 직원에게 그 우표가 잘못 인쇄된 사실을 왜 몰랐는가 하고 묻자, 그는 "비행기가 어떻게 생겼는지조차 몰랐다."라고 대답하였다.

우연히 우표 100장이 붙은 전지를 단돈 24달러에 구입한 우표수집가 윌리엄 로비는 우표상에게 15,000달러에 다시 팔아 커다란 이득을 보았다.

오늘날 세계적인 명품이 되어버린 이 24센트짜리 역쇄 우표는 얼마 전 미국의 한 경매에서 4장 블록이 약 270만 달러에 낙찰되는 기록을 세우기도 하였다.

2007년 5월 13일

제56회 국제 언론인 협회 총회, 터키 이스탄불에서 개막

제56회 국제 언론인 협회IPI 총회가 2007년 5월 13일 전 세계 언론인 400여 명이 참석한 가운데 터키 이스탄불에서 개막됐다.

　IPI는 1951년 5월 자유주의 국가 언론인들이 개인 자격으로 결성한 국제 언론 단체이다. 국제 신문 편집인 협회 또는 국제 신문 협회라고도 한다. 구성원은 국가 대표가 아니라 개인 자격으로 가입하지만, 이 협회의 집행위원회가 승인하는 국내 위원회가 있다.

　언론 보도의 자유를 지키고 그 교류를 촉진하며, 언론인 상호간의 협조를 도모함으로써 매스미디어의 실무 개선을 그 목적으로 한다.

　IPI 총회는 매년 1회씩 열리는데, 주로 뉴스의 국제적 교류, 통신사나 해외 특파원의 활동, 신문에 대한 정부의 압력, 신문에 대한 사회적 비판, 범죄 기사의 사회적 영향 등을 토의하며, 각 지역별 회의를 열어 인접 국가 간 정보 교류의 개선 방안을 연구하기도 한다.

　한편 이날 총회 개막식에서는 세계 각지에서 행해지는 언론인 납치를 강력하게 비판하는 결의문을 채택했다.

5월의
모든 역사

5월 14일

∎
∙
∎

1948년 5월 14일

유대 민족의 국가 이스라엘이 세워지다

"우리 인민 평의회 의원은 이스라엘 땅의 유대인 사회와 시오니즘 운동을 대표하여 이스라엘 땅에 대한 영국의 위임통치가 종료되는 오늘 여기에 모였다. 우리들의 자연권이며 역사적인 권리에 기초하고, 또한 유엔 총회의 결의에 따라 이스라엘국으로 알려지게 된 유대인 국가를 이스라엘 땅에 수립함을 선언한다."

-데이비드 벤 구리온

이스라엘 초대 수상으로 선출된 데이비드 벤 구리온(David Ben-Gurion : 1886~1973)은 손에 들고 있던 문서를 큰 소리로 읽었다.

1948년 5월 14일 오후 4시, 텔아비브 미술관에서 멸망과 유랑의 길을 거듭하던 유대 민족이 마침내 이스라엘 건국을 선언하였다. 이것은 아직도 끝나고 있지 않은 팔레스타인 분쟁의 서막을 알리는 것이었다.

고대 로마 제국의 탄압으로 유대 민족은 전 세계로 흩어졌다. 유럽으로 흘러 들어간 이들은 토지를 갖지 못하였고, 기독교 정신을 따른다는 상인 조직인 길드에도 가입하지 못하였다. 민족 종교로서 예수를 하나님의 아들로 인정하지 않는 유대교를 믿는 유대인들이 가질 수 있는 직업은 그리스도교도에게는 금지된 금융업이나 고리대금업 같은 분야였다.

이 때문에 유대인들은 많은 박해와 멸시를 당하였다. 유대인을 뜻하는 말인 쥬Jew가 '고리대금업자'라는 비아냥거리는 뜻으로도 쓰이게 되었고, 저 세상으로 가지 못하고 '방황하는 유대인' 아하슈에러스의 전설이 생기게 되었다.

또한 그리스도교도는 유대인과 결혼해서는 안 된다는 법률이 만들어졌고, 유대인임을 나타내는 표시를 몸에 달고 다니게도 하였다. 십자군 전쟁 시절에는 유대인들이 학살 당하기도 했으며, 유럽 여러 나라에서 유대인을 분리시키는 지역이 만들어지기도 했다. 그럼에도 유대인들은 많은 박해를 견디어 냈고 그들만의 언어와 종교를 유지하였다.

프랑스 혁명을 거치고 나폴레옹 시대를 지난 유럽에서는 새로운 정치의식이 싹트기 시작했다. 독립과 자유를 얻어 민족의 문제는 민족 스스로 해결하려는 민족주의 운동이 일어나기 시작한 것이다. 2000년 가까이 조국을 갖지 못한 유대인들은 팔레스타인으로 돌아가 나라를 세워야만 지긋지긋한 박해가 끝난다고 믿게 되었다. 이른바 시오니즘 Zionism 운동이 싹트게 된 것이다.

1897년 스위스 바젤에서 제1회 세계 시오니스트 회의가 열렸다. 그들은 "유대 민족을 위해 공법으로 인정받는 국가를 팔레스타인에 건설한다."는 결의를 하였다. 제1차 세계 대전 중에는 영국으로부터 시오니즘 운동에 대한 보장을 받고 팔레스타인 지역으로 이주하기 시작하였다. 아랍계 주민이 거주하던 당시 팔레스타인은 영국의 위임통치령 지역이었다. 최초의 유대인들이 이 지역으로 들어간 것은 1882년이었지만 1917년까지도 이민자가 3만 2,000명밖에 되지 않았다.

팔레스타인 지역에 유대인이 본격적으로 이주하기 시작한 것은 영국이 유대인들의 이주를 지지한 1917년 벨푸어 선언 이후이다. 특히 독일 나치스에 의한 유대인 학살은 이주를 더욱 가속화시켰다. 팔레스타인에 있던 시오니스트들은 차츰 아랍의 주민들을 몰아내기 시작했다. 그 결과 시오니스트와 아랍인들의 분쟁이 시작되었다.

하지만 시오니스트들은 미국의 지원을 등에 업고 1947년 영국의 위임통치가 끝난 뒤 팔레스타인 지역에 유대인과 아랍인 모두에게 주권을 부여한다는 국제연합UN의 팔레스타인 분할 결의안을 얻어냈다.

1948년 5월 14일, 마침내 유대인들은 아랍인들을 몰아내고 이스라엘 국가를 세웠다. 하지만 다음날 제1차 중동 전쟁이 발발하면서 영원히 끝날 것 같지 않은 유대인과 아랍인 사이의 전쟁이 시작되었다. 팔레스타인의 아랍인들에게 이스라엘의 독립일은 자기 땅을 잃고 난민으로 전락한 '알-나크바(재앙의 날)'를 의미하게 되었다.

* 1948년 5월 15일 '이스라엘과 아랍 간의 제1차 중동 전쟁이 시작되다' 참조

1991년 5월 14일

중국 문화대혁명의 주동자, 장칭 자살

1991년 5월 14일 마오쩌둥(毛澤東 : 1893~1976)의 부인이자 문화대혁명의 주동자였던 장칭(江青 : 1914~1991)이 77세의 나이로 옥중에서 스스로 목숨을 끊었다.

장칭은 1914년 중국 산둥 성의 가난한 집안에서 태어났으며, 본명은 리칭윈李青雲이다. 15세 때 지난濟南의 산둥 실험극단에 들어가 연극배우가 됐다. 1935년 「인형의 집」에서 주인공 노라 역을 맡으면서 주목받았다.

하지만 1938년 11월 21살이나 많은 마오쩌둥과 결혼하면서 그녀의 인생은 전환되었다. 두 사람의 결혼을 두고 중국공산당 내에서도 논란이 많았다. 당은 마오쩌둥의 뜻을 따르되, 장칭에게 마오쩌둥의 생활과 건강을 돌볼 뿐 당내에서 어떠한 실권도 갖지 못하도록 하는 규정을 두기까지 했다.

결혼 직후 장칭은 '현모양처' 역을 완벽하게 소화해냈다. 하지만 그녀는 차츰 공식적인 직책을 요구하기 시작했다. 문예계의 정풍 운동을 주도하면서 서서히 두각을 나타내기 시작했고 전국 인민 대표 대회의 대표로까지 선출됐다.

1966년부터 시작된 문화대혁명은 정치적 야심을 갖고 있던 장칭에게 절호의 기회였다. 그 기간 중 장칭은 건강이 악화된 마오쩌둥을 대신해 군과 홍위병을 장악했다. 왕훙원(王洪文 : 1935~1992), 장춘차오(張春橋 : 1917~2005), 야오원위안(姚文元 : 1931~2005)과 함께 '사인방四人

┅'을 결성해 정치적 주도권을 잡아나갔다.

1976년 장칭은 자신을 여女황제 측천무후(則天武后 : 624~705)에 비유할 정도로 기세가 등등했다. 장칭은 병색이 짙어가던 마오쩌둥의 뒤를 이어 주석이 되려는 야망을 품고 있었다.

하지만 마오쩌둥이 화궈펑(華國鋒 : 1921~2008)을 후계자로 임명하면서 그녀의 야망은 흔들리기 시작했다. 문화대혁명 피로증이 전국을 휩쓸고 경제가 피폐해지면서 실각했던 덩샤오핑(鄧小平 : 1904~1997)도 복권됐다. 이후 4인방의 세력은 위협받기 시작했다.

결국 마오쩌둥이 1976년 9월 세상을 떠나면서 정세는 급변했다. 그해 10월 장칭을 비롯한 '4인방'은 반혁명분자로 체포됐다. 10년 동안 중국 대륙을 광풍으로 몰아넣었던 문화대혁명도 막을 내렸다.

장칭은 1981년 인민재판정에서 사형선고를 받았다. 판결이 떨어지자 그는 "나는 아직 마오 주석의 후계자다."라고 주장하며 재판정에 누워 발악했다. 2년 뒤 장칭의 형은 무기징역으로 바뀌었고 이후 10년 가까이 수형 생활을 하다가 결국 자살로 삶을 마감했다.

하지만 자살한 그의 시신은 가족, 친지 누구도 지켜보지 않는 가운데 화장됐고 유골은 그녀의 딸에게 전달됐다.

* 1966년 5월 16일 '중국, 문화대혁명이 시작되다' 참조

1989년 5월 14일

카를로스 메넴, 아르헨티나 대통령에 당선

1989년 5월 14일 아르헨티나 페론당의 카를로스 메넴(Carlos Saul Menem : 1930~)이 아르헨티나 제46대 대통령에 당선됐다. 이는 1928년 이후 61년 만에 처음으로 민정에서 민정으로 이루어진 평화적 정권 교체였다.

열렬한 페론주의자인 메넴은 1930년 시리아계 부모에게서 태어났다. 그는 코르도바 대학교 시절부터 고향인 라 리오하 주에서 페론당의 청년 단체를 비밀리에 결성하여 이를 주도했으며 1955년 변호사 자격을 취득한 후에는 막강한 세력을 가지고 있는 노동총연맹의 법률 고문을 맡아 두각을 나타냈다.

메넴은 1958년 연방 상원의원에 출마한 것을 계기로 정치 전면에 나섰다. 이때 페론당 후보로 출마했으나 낙선한 뒤 1973년 라 리오하 주에서 압도적인 표차로 주지사에 당선, 많은 공공사업을 성공적으로 추진하면서 전국적인 인물로 각광받기 시작했다. 1976년 3월에는 아르헨티나에서 군부 쿠데타가 일어나 5년간 옥살이를 하기도 했다.

그는 쉽고 열정적인 언변으로 인기를 모았다. 메넴은 강력한 노조에 의해 지지되고 있는 정통 페론주의, 즉 '인간화된 자본주의'라는 일종의 민족주의를 신조로 살았다.

메넴은 당초 12월 10일 취임할 예정이었으나 경제 악화로 조기 사임 압력을 받아온 라울 리카르도 알폰신(Raul Ricardo Alfonsin : 1927~2009) 대통령이 6월 12일 사임을 발표함에 따라 5개월 일찍 정권을 이양 받아 7월 8일 취임했다.

—

1796년 5월 14일

영국인 외과 의사 제너, 천연두를 예방하는 종두법 개발

—

종두種痘는 사람 몸에 우두를 접종하는 것이고, 우두牛痘는 병에 걸린 소의 몸에서 뽑아낸 면역 물질을 뜻한다. 백신이란 말도 소를 뜻하는 라틴어 '바카Vacca'에서 나왔다.

1796년 5월 14일, 영국인 의사 에드워드 제너(Edward Jenner : 1749~1823)는 소로 인해 병에 걸린 하녀의 손바닥 종기에서 고름을 채취하여 하녀의 여덟 살 난 아이에게 주사했다. 최초의 종두 주사였다.

아이가 별다른 증상을 보이지 않자 제너는 6주 후 진짜 천연두에서 뽑아낸 고름을 주사했다. 역시 아무런 탈이 없었다. 천연두로부터 인류가 해방되는 순간이었다.

제너는 1749년 영국의 글로스터셔 주 버클리에서 태어났다. 그는 13세 때부터 의학을 공부하였으며, 1770년에 헌터로부터 2년간 외과학을 배우고 세인트조지 병원에서 근무하였다. 1773년에 귀향하여 병원을 개업하고 환자를 치료하는 한편, 자연계의 동물에 대하여 실험과 관찰을 계속하였다.

이 무렵부터 우두牛痘에 감염되었던 사람은 일생 동안 천연두天然痘에 걸리지 않는다는 이 지방 사람들 사이에 전해 내려온 말에 귀를 기울여, 관찰과 연구에 전념하였다.

두창短瘡의 일본식 명칭인 천연두는 유사 이래 인류를 괴롭혀 온 '죽음의 사자'였다. 치사율도 높은 데다가 목숨을 건져도 얼굴에 곰보를 남겼다.

로마 황제 마르쿠스 아우렐리우스(Marcus Aurelius Antoninus : 121~180)와 영국 여왕 메리 2세(Mary Ⅱ : 1662~1694)를 쓰러뜨린 것도 천연두였다. 종두법 개발 이전에 이용되던 인두접종법은 천연두를 약하게 앓은 환자에게서 뽑은 물질로 건강한 사람을 일부러 감염시켜 면역성을 갖게 하는 치료법으로, 위험률이 높았다.

세계 보건 기구WHO가 1980년 5월 '천연두 박멸'을 선언함으로써 천연두는 인류가 정복한 유일한 전염병이 됐다.

—

1643년 5월 14일

루이 14세, 5세의 나이로 프랑스의 왕이 되다

—

"짐은 이제 죽는다. 그러나 국가는 영원하리라."

-루이 14세

루이 14세(Louis XIV : 1638~1715)는 1638년 루이 13세(Louis XIII : 1601~1643)와 스페인 출신 왕비 안 도트리슈(Anne d'Autriche : 1601~1666)가 결혼한 지 23년 만에 프랑스 생제르맹앙레에서 태어났다.

그는 1643년 5월 14일, 5세의 나이로 부왕의 왕위를 계승했다. 왕국의 법에 따라, 1,900만 백성의 인신人身과 재산의 주인이자 소유자가 되었으며 '눈에 보이는 신visible divinity'으로 칭송 받았다.

그가 즉위하자, 모후 안 도트리슈가 섭정을 하기 시작했고, 쥘 마자랭(Jules Mazarin : 1602~1661) 추기경을 총리로 임명하여 보필을 받았다. 그러나 하인들에게 내맡겨진 채 제대로 보살핌을 받지 못해 연못에 빠져 죽을 뻔 하기도 했다. 이러한 부주의로 도트리슈는 비난을 받았다.

루이가 9세가 되던 1648년, 총리인 추기경 마자랭의 미움을 받아오던 귀족들과 파리 고등법원이 왕에 대항해 반기를 들고 일어났다. 이는 프롱드의 난으로 알려진 기나긴 내란의 시작을 알리는 것이었다.

내란이 벌어지고 있는 가운데 루이는 가난함과 불운함, 두려움과 굴욕감, 추위와 배고픔을 겪어야 했다. 이러한 시련들은 어린 왕이 앞으로 보여줄 성격과 행동, 사고방식을 형성시켜 주었다. 그는 파리 귀족들과 평민들 그 어느 쪽도 결코 용서하지 않으려 했다.

1653년 마자랭은 반란을 진압하였다. 그리고 루이 14세는 절대왕정의 대표적인 전제군주로 성장하였다. 그는 재상제를 폐지하고 파리 고등법원을 격하시켰으며, 베르사유 궁전을 지어 유럽 문화의 중심이 되게 하였다.

그러나 1685년 10월 18일 낭트 칙령을 폐지함으로써 신교도를 박해하였고 화려한 궁정 생활로 프랑스 재정 결핍을 초래하였다.

루이 14세는 1715년 76세를 일기로 죽었다.

2009년 5월 14일

유럽, 최대 우주 망원경을 실은
아리안 5호 로켓 발사

유럽우주국ESA은 2009년 5월 14일 프랑스령 기아나의 ESA 우주센터에서 2개의 우주 관측 장비를 실은 아리안 5호 로켓을 성공적으로 발사했다. 아리안 5호 로켓은 사상 최대 규모의 망원경인 '허셜 망원경'과 '플랑크 망원경'을 탑재했다.

유럽이 1990년에 설치한 미국의 허블 망원경보다 큰 대형 우주망원경을 쏘아올림에 따라 본격적인 우주 관측 경쟁이 시작되었다.

허셜 망원경의 주 반사경은 지름이 3.5m로 우주에 설치된 최대 크기의 망원경이다. 미국 항공우주국NASA 허블 망원경의 주 반사경 지름 2.4m보다 1.5배 정도 크다.

허셜 망원경은 은하들의 별 탄생 구역에서 방출되는 적외선을 추적하고, 은하의 탄생과 성장, 우주 가스나 먼지, 파편 들이 별이나 행성으로 커 가는 과정을 파악하게 된다. 또한 플랑크 망원경은 빅뱅이 남긴 광선의 흔적을 조사하는 역할을 한다.

한편 우주의 깊은 곳을 관찰하기 위한 각국의 경쟁이 치열한 가운데, NASA는 2013년 6월 이후 노후한 허블 망원경을 대체하기 위해 제임스 웹 망원경을 쏘아 올릴 예정이라고 밝혔다.

1955년 5월 14일

소련 등 동유럽 사회주의 8개국,
바르샤바 조약에 조인

동서 냉전이 시작되면서 서유럽에 1954년과 1955년에 걸쳐 각각 서유럽 연합과 북대서양 조약 기구가 만들어졌다. 이에 자극 받은 소련과 동유럽 국가는 1955년 5월 14일 폴란드 바르샤바에 모여 동구권 국가들을 하나로 묶는 공동 방위 협의 체제인 바르샤바 조약을 체결하였다.

이때 참가한 나라는 소련 · 알바니아 · 불가리아 · 헝가리 · 동독 · 폴란드 · 루마니아 · 체코슬로바키아 등 8개국이었다.

이 조약은 소련의 위성국들에 대한 지배 강화 및 사회주의 국가들의 동맹 강화를 목적으로 체결됐다. 조약의 내용은 무력 공격의 위협에 대처하는 협의 및 무력 공격에 대한 공동 방위가 근간을 이루었다.

이날 서명국들은 국제 문제 해결에 있어 무력 사용의 자제에 동의하고 군비 철폐와 평화를 위해 협조할 것을 다짐하였다.

하지만 이 기구는 소련과 동유럽 공산권의 몰락에 따라 1991년 해체되었다.

5월의
모든 역사

5월 15일

1988년 5월 15일

소련, 8년간의 전쟁 끝에 아프가니스탄에서 철수하다

무자헤딘은 '성스러운 회교 전사'라는 뜻으로, 종교를 지키기 위해 지하드에 뛰어든 이슬람 전사를 가리킨다. 대개의 경우 회교국의 반정부단체나 무장 게릴라 조직이 이 말을 써서 자신들을 부른다. 가령 이라크 내부에 근거지를 둔 이란 반정부 단체의 이름은 '무자헤딘 할크'다.

아프가니스탄에선 과거 침공한 소련군에 맞서기 위해 전 세계에서 모인 이슬람 전사들을 가리키는 말로도 쓰인다.

무자헤딘은 아프가니스탄에 공산 정권이 들어선 1979년 이래 산악지방을 근거지로 한 반反정부 회교 저항 전사들의 활약이 두드러지면서 비회교권 지역의 사람들에게 널리 알려졌다.

1973년 아프가니스탄은 쿠데타로 왕정王政을 타도하고 공화국을 수립하였다. 하지만 계속되는 쿠데타로 정권이 교체되는 가운데 친소좌파親蘇左派가 부상하고 있었다.

1978년 5월 쿠데타로 공산주의 정권이 수립되자, 1979년 초부터 이란의 '이슬람 혁명'에 영향을 받은 저항 세력을 중심으로 '무신無神의 공산주의'에 반대하여 정권 타도를 위한 무장 항쟁이 시작되었다.

종족별로 정권에 대한 '지하드聖戰' 선포로 시작된 반정부 투쟁은 모든 이슬람 종파가 가담하는 내전 상태로 확대되었고, 궁지에 몰리기 시작한 좌익 정권에서는 내부적 권력 투쟁이 발생하면서 강경 세력이 부각되기 시작했다. 이러한 과정에서 좌익 정권은 권력 유지를 위해 소련의 지원을 요청했고, 이에 이슬람 저항 세력을 진압하기 위한 소련의 군사 고문단이 대거 투입되었다.

1979년 12월 정권 내부의 권력 투쟁 과정에서 친소 강경파인 바르락 카르말(Babrak Karmal : 1929~1996)이 소련군의 직접 개입하에 쿠데타를 일으켜 전권全權을 장악했다. 즉 12월 27일 소련군은 공육空陸 양면으로 5개 사단을 동원, 아프가니스탄에 침공하여 당시 아민 정부군과 교전 끝에 이를 패주시켰다. 그리고 아민 정권의 체코슬로바키아 주재 대사였던 카르말로 하여금 신정부를 수립케 함으로써 아프가니스탄을 소련의 위성국으로 만들었던 것이다.

소련은 이슬람권과 미국 등 서방 세계의 강력한 비판에 대해 "소련군의 군사 행동은 침공이 아니라 소련과 아프가니스탄 우호 선린 협력 조약을 근거로 아프가니스탄 정부가 요청한 반정부 세력 진압을 위한 군사 개입"이라고 주장하였다. 하지만 당시 아프간 아민 정권을 타도하고 아민을 체포 · 살해한 사실만으로도 그 허구성은 증명되고 남았다.

이에 국제적으로 미국을 중심으로 서방 세계의 대對소 곡물 수출 금지 및 고도 기술 수출 정지, 인접국 파키스탄에 대한 군사 · 경제 원조 재개, 모스크바 하계 올림픽 보이콧, 제2차 미 · 소 전략 무기 제한 협정SALT 2의 미국 의회 비준 연기 등 대소 보복 조치가 이어졌다. 국제연합UN에서도 각종 대소 · 대아프카니스탄 결의안 채택이 계속되어 1960년대 냉전 이래 미국과 서방 측 대 소련의 관계는 최악의 상태로 악화되었다.

아프가니스탄 내부적으로는 반정부 투쟁을 주도하고 있던 이슬람 저항 세력 6개파가 각자 독립적으로 활동하였다. 그들은 소련의 침공으로 인하여 일반 국민의 공감을 획득함으로써 그 명분을 강화하고 침략자와 괴뢰 정권에 대한 항전을 확대하게 되었다.

역사적 아이러니는 미국은 베트남에서, 소련은 아프가니스탄에서 공통적으로 이슬람교도의 거센 저항에 부딪치게 되었다는 사실이다. 소련의 아프가니스탄 침공에 대한 미국의 태도를 분석하면, 현실적으로는 소련의 아프가니스탄 침공과 지배를 용인하는 것 같은 인상이었다. 소련으로서는 이란에서처럼 아프가니스탄의 이슬람 혁명이 성공할 경우, 남부의 타지크나 우즈베크 등 이슬람교도가 인구의 다수를 정하고 있는 구성 공화국으로의 파급 효과에 대한 우려가 있었다.

소련의 침공 이후 수도 카불에서는 상점 철시 · 학생 시위 형태로 국민적 항전이 거세졌고, 이슬람 저항 세력 6개파는 1980년 1월 아프가니스탄 해방 이슬람 연맹을 결성, 이슬람 형제국의 자금 지원 아래 전국에서 소련군과 친소 정부군에 대한 조직적인 무장 항전을 전개하였다.

여기에 아민 정권 당시의 정부군 중 상당수가 이슬람 저항 세력에 합세함으로써 '이슬람 연맹'의 전투력 강화에 기여했다. 수많은 국민들이 인접 파키스탄과 이란으로 탈출, 난민화하였고 이들 국가들은 피난민

처리에 고심하는 사태가 발생하였다.

소련은 침공 당시 아프가니스탄 이슬람 원리주의를 과소평가한 잘못으로 흡사 베트남 전쟁에서 미국의 경우처럼 계속적인 병력 증강과 엄청난 전쟁 비용을 치렀다. 그러면서도 아프카니스탄 정복도, 사태의 수습도 할 수 없는 난처한 입장에 놓이고 서방 측의 보복 조치와 국제적 비난을 당할 수밖에 없었으며, 아프가니스탄은 양측의 공방전으로 초토화되었다.

1985년 소련의 권력 구조 개편은 아프카니스탄 전쟁에 중대한 전환점이 되었다. 장기화된 아프카니스탄 전쟁에 이미 국내의 비판 여론이 비등해진 가운데 서기장에 취임한 미하일 고르바초프(Mikhail Sergeyevich Gorbachyev : 1931~)는 대대적인 대서방 외교를 추진, 아프카니스탄에서의 부분적 철군 의사를 언급하는 등 대서방 협상을 제의했다.

카불 정권 내부에서도 권력 투쟁이 일어나 카르말이 실각하고 비밀 경찰 총책 모하마드 나지불라(Mohammad Najibullah : 1947~1996)가 전권을 장악, 이슬람 측을 포함한 범국민적 민족 통일 정부 구성을 제의하는 동시에 일방적인 휴전을 선언하였다.

그러나 이는 가열되고 있는 이슬람 저항 세력인 무자헤딘의 공격을 약화시키려는 미봉책에 불과하였다. 무자헤딘은 이를 거부함과 동시에 소련군의 무조건적인 즉시 완전 철수를 요구하였다.

1988년 2월 스위스 제네바에서 국제연합UN의 중재로 아프가니스탄과 파키스탄 사이에 간접 평화 회담이 개최되었다. 고르바초프 서기장은 이 회담에서 양측이 합의에 이르면 소련군을 철수시킬 것을 약속하여 4월 아프가니스탄 평화 협정이 조인되었다. 그리고 5월 15일 소련군의 철수가 시작되어 1989년 12월, 침공 10년 만에 소련군은 아프카니스탄에서 완전 철수했다.

이로써 아프가니스탄은 카불의 나지불라 정권과 무자헤딘 사이의 내전으로 환원되었으며 무자헤딘 제파는 이슬람 평의회인 슈라를 구성하고 조직을 정비하는 등 대대적으로 카불 정권에 대한 공세를 취했다.

그러나 무자헤딘 역시 시아파와 수니파, 온건파와 강경파 사이에 정통성과 주도권 분쟁이 일어 투쟁 과정에서는 물론 카불 정권 타도 후에도 난항이 계속되었다.

1948년 5월 15일

이스라엘과 아랍 간의 제1차 중동 전쟁이 시작되다

이스라엘의 건국이 선언되고 이튿날 새로운 전쟁이 벌어졌다. 이 전쟁을 이스라엘은 '독립 전쟁'이라 부르고 아랍인은 '팔레스타인 전쟁'이라 부른다. 언론에서는 이것을 '제1차 중동 전쟁'이라 부른다.

시오니즘이 유대인들에게 새로운 땅을 주는 희망의 메시지였다면, 아랍인들에게는 새로운 침략 전쟁을 예언하는 공포의 메시지였다. 이스라엘 건국 이전부터 팔레스타인으로 이주해오는 유대인과 팔레스타인인의 충돌은 곳곳에서 벌어졌다.

1948년 5월 14일 이스라엘이 건국을 선언하자 다음 날인 5월 15일 아랍과 이스라엘 사이에 충돌이 본격화되었다. 제1차 중동 전쟁이 발발한 것이다.

시리아, 레바논, 요르단, 이집트, 이라크 등 아랍국 병력 2만여 명이 팔레스타인 지역에 침입했다. 아랍군은 초반에 우세하게 전세를 이끌었다. 이스라엘 초대 수상인 데이비드 벤 구리온(David Ben-Gurion : 1886~1973)은 "70만의 유대인이 2,700만의 아랍인들에 대항하고 있다."고 주장했다.

당시 미국 등의 서양 국가들은 이 지역에 무기 수출을 금지하고 있었기 때문에 아랍군은 무력에서 압도적인 우위를 차지하고 있었다. 아랍군은 유대인에게 할당되지 않은 팔레스타인 남부와 동부 지역을 점령하였고 예루살렘의 작은 유대인 거주 지역을 점령하였다.

하지만 아랍군은 통일된 작전을 펼치지 못하고, 점차 이스라엘의 거센 공세 앞에서 패퇴를 거듭하였다. 결국 이스라엘군은 유대인 거주지인 서예루살렘의 봉쇄를 뚫었다. 그리고 국제연합UN에 의한 조정이 이루어지는 동안 점차 우세한 위치에 서게 되었다.

다음 해 2월 전쟁을 끝마치기 위한 휴전 협정이 그리스 에게 해의 로도스 섬에서 시작되었다. 아랍의 각국이 이스라엘과 개별적으로 접촉하여 휴전 협정에 서명하였다.

결국 이스라엘은 전쟁에서 승리했고, 팔레스타인 지역은 이스라엘과 요르단, 이집트에 의해 분할되었다.

이 전쟁으로 70만 명의 팔레스타인인들이 요르단강 서안과 가자 지구, 요르단, 시리아 등지의 난민촌으로 쫓겨났다. 그리고 이 난민들을 중심으로 팔레스타인에 아랍 민족 국가를 수립하기 위해 무장 투쟁을 벌이는 이른바 아랍 게릴라가 조직됐다.

* 1948년 5월 14일 '유대 민족의 국가 이스라엘이 세워지다' 참조

1863년 5월 15일

마네, 낙선작 전람회에서 「풀밭 위의 점심 식사」 발표

프랑스의 화가 에두아르 마네 (Edouard Manet : 1832~1883)는 「풀밭 위의 점심 식사Le Dejeuner sur l'herbe」를 1863년 전람회에 출품하였으나 낙선하였다. 하지만 마네는 5월 15일, 그 작품을 낙선한 작품을 모은 낙선전落選展에

「풀밭 위의 점심 식사」

서 발표하였다. 작품의 원래의 이름은 「목욕」이었다.

마네는 「풀밭 위의 점심 식사」를 통해 나무가 우거진 풀밭 사이로 들어오는 빛의 강렬한 인상을 표현하고자 했으나, 생활의 풍경을 담은 그림에 발가벗은 사람을 그렸다는 이유로 당시 근엄한 척하며 사는 사람들에게 비난의 화살을 받았다.

마네는 1832년 프랑스 파리의 유복한 가정에서 법관의 아들로 태어났다. 처음에는 아버지가 화가 지망을 허락하지 않아서 17세 때 남아메리카 항로의 선원 견습생이 되었다. 남아메리카 항해를 끝마친 1850년에 가서야 겨우 쿠튀르(Thomas Couture : 1815~1879)의 아틀리에에 들어갈 수 있었다. 그러나 아카데믹한 역사화가인 스승에게 반발하여 루브르 미술관 등에서 고전 회화를 모사하며 프란스 할스(Frans Hals : 1580~1666)나 디에고 벨라스케스(Diego Rodriguez de Silva y Velazquez :

1599~1660) 등 네덜란드나 에스파냐 화파의 영향을 받았다.

마네는 살롱에는 1861년 겨우 입선하여 수상한 바가 있으나, 그 후에도 여러 차례에 걸쳐 낙선을 거듭하였다. 하지만 그는 1863년 「풀밭위의 점심 식사」, 1865년 「올랭피아Olympia」로 일약 세상의 주목을 끌었다. 이 두 작품에 대한 지나친 비난은 도리어 그의 표현 기법의 참신성과 밝음을 결정적으로 인상 지어준 결과가 되었다.

「풀밭 위의 점심 식사」 발표 이후 화단과 문단 일부에서 열렬한 지지자를 얻었고, 청년 화가들 사이에서 그 후에 대두될 인상주의에의 길을여는 기연機緣을 이루었다. 그러나 마네 자신은 아카데미즘의 공인을 기다려 인상파 그룹의 전람회에 참가하기를 거부하고, 그들과 동일시되는 것을 대단히 꺼렸다.

만년에 마네는 레지옹 도뇌르 훈장을 받았으나, 류머티즘으로 고생하여 육체적 피로도가 비교적 적은 파스텔화를 그렸다. 「막시밀리안의 처형L'Execution de Maximilien」(1867), 「폴리 베르제르의 술집Le Bar Folies-Bergere」(1882) 등 유화의 걸작을 남기고 51세의 생애를 파리에서 마쳤다.

1905년 5월 15일

'모래 위의 도시' 라스베이거스 탄생

라스베이거스는 미국 네바다 주 남동부 사막 가운데에 있는 도시이다. 지금은 마치 신기루처럼 자유의 여신상과 피라미드와 에펠탑이 모여 있고 번쩍이는 네온 사인이 불야성을 이루는 곳이지만, 1905년 5월 15일 이 마을이 문을 열 당시만 해도 황량한 사막 한가운데 있는 그야

말로 '모래 위의 도시'였다.

라스베이거스는 캘리포니아 주 로스앤젤레스와 유타 주 솔트레이크 시티 간 철도를 운영하던 회사가 부지를 매입해 조성한 마을로, 기차가 내려놓은 광부와 상인 들이 넘쳤다. 라스베이거스는 중간 기착지 역할 6년 만에 시_市로 승격되면서 덩치를 키워나갔다.

라스베이거스라는 이름은 '초원'을 뜻하는 스페인어에서 나왔다. 풍성한 물과 목초지는 이곳을 지나던 유럽의 탐험가들에게 깊은 인상을 줬다. 탐험가들에게는 오아시스였지만, 모르몬교도들에게는 좌절의 땅이었다. 1850년대에 인디언 원주민 파이우트 족에게 농사짓는 법을 가르치며 포교하기 위해 정착한 그들은 2년 만에 다시 유타 주로 돌아갔다.

철로가 라스베이거스에 씨를 뿌렸다면, 대공황은 비료를 퍼부은 셈이었다. 1931년 인근 볼더 시에서 후버댐 건설이 시작되자, 인부들이 몰려들었다. 청교도적인 삶을 강조하는 볼더 시에서는 고된 하루를 달랠 방법이 없던 탓이었다. 때마침 도박이 합법화됐고 카지노가 앞다투어 들어섰다.

마침내 완성된 후버댐이 값싼 전기를 공급하자 도시의 밤은 더 길어졌다. 피묻은 돈도 몰려왔다. 1946년 마피아 벤저민 벅시 시걸(Benjamin Bugsy Siegel : 1906~1947)이 세운 카지노 호텔 플라밍고를 시작으로 조직의 자금을 활용한 초대형 호텔 건축이 줄을 이었다.

1969년 네바다 주가 공기업이나 법인의 카지노 운영을 합법화하자 대규모 자본이 가세했다. 기업화된 카지노들은 도박을 하나의 산업으로 발전시켰다. 각종 쇼와 무료 볼거리들이 넘쳐났고, 간단한 결혼 · 이혼 절차 때문에 술김에 부부가 됐다가 헤어지는 관광객들도 있었다.

라스베이거스는 '환락의 도시'라는 이미지를 벗기 위해 세계적 컨벤션을 유치하고 가족을 위한 오락거리를 늘리는 등 변신을 거듭해 왔다. 현재에는 매년 3,000만 명 이상이 라스베이거스를 찾고 있다.

1973년 5월 15일

미국 프로야구 선수 놀란 라이언, 첫 번째 노히트 노런 기록

미국 프로야구 역사상 '가장 화려한 투수'로 평가 받는 놀란 라이언(Lynn Nolan Ryan : 1947~)은 수많은 강속구 투수를 배출한 텍사스에서 태어났다. 그는 고교 2학년 때 뉴욕 메츠 스카우트의 눈에 들었다. 그를 지도한 고교 코치는 놀란의 공이 포수의 손목뼈를 골절시킬 정도라서 추천했다고 한다.

1968년 뉴욕 메츠에 입단한 라이언은 곧 특유의 강속구와 삼진 퍼레이드로 주목받기 시작했다. 메츠는 1971년 라이언을 캘리포니아 에인절스에 보내는 대신 3루수 짐 프레고시(Jim Fregosi : 1942~)를 받아오는데, 이는 '메츠 구단 사상 가장 근시안적인 트레이드'였다고 일컬어진다.

에인절스 시절 라이언은 전성기를 보냈다. 1973년 5월 15일 라이언은 첫 번째 노히트 노런을, 7월 15일에는 두 번째 노히트 노런을 기록했다. 그리고 그의 나이 44세였던 1991년 5월 1일 일곱 번째 노히트 노런을 달성한다.

라이언은 휴스턴 애스트로스, 텍사스 레인저스를 거쳐 1993년 46세

의 나이로 은퇴했다. 그는 총 8회 올스타에 선정됐으며, 1999년 명예의
전당에 입성했다.

2010년 5월 15일

미국 성공회, 레즈비언 주교 탄생

2010년 5월 15일 미국 성공회 로스앤젤레스 교구는 1988년부터 동
성애 파트너와 함께 지내오다 커밍아웃한 메리 글래스풀(Mary Douglas
Glasspool : 1954~) 여사제를 부주교로 정식 임명했다.

앞서 성공회는 2003년 11월 뉴햄프셔 교구에 남성 동성애자인 진 로
빈슨(Gene Robinson : 1947~) 사제를 처음 주교로 임명했다.

2009년에 열린 미국 성공회 연차 총회에서는 동성애자의 사제와 주
교 서품을 허용하고, 성당에서 동성 커플의 결합을 축복하는 의식을 할
수 있도록 결정했다.

5월의
모든 역사

5월 16일

- ■
- ■
- ■

1966년 5월 16일
중국, 문화대혁명이 시작되다

부르주아 계급은 타도되었지만, 이들은 아직도 다른 계급을 착취하던 낡은 이념, 문화, 풍속, 관습을 이용하여 대중을 타락시키고, 그들의 마음을 사로잡아서 역사를 되돌리려 하고 있다. 프롤레타리아 계급은 이것과는 반대로 해야만 한다.

프롤레타리아 계급은 이념 면에서 당면의 모든 부르주아 계급의 도전에 응전해야 하며, 프롤레타리아의 새로운 이념, 문화, 관습, 습관을 이용하여 모든 사회의 정신적 시야를 바꾸어야 한다.

현재로서는 우리의 목표는 자본주의의 길을 걷는 모든 당국자들과 투쟁하여 이들을 분쇄하는 것이고, 반동적인 부르주아 학문의 권위자들과 부르주아 계급이나 다른 모든 착취 계급의 이념을 비판 및 규탄하고, 공산주의적 경제 토대와 맞지 않는 교육, 문학, 예술, 그리고 모든 상부구조를 변환하여 공산주의 체제의 공고와 발달을 촉진하는 것이다.

-「중국 공산당 중앙위원회의 프롤레타리아 문화 대혁명에 관한 결정」

1965년 11월 10일 야오원위안(姚文元 : 1931~2005)이 일간지 「문회보文匯報」에 신편 역사극 '하이루이 파관海瑞罷官을 평한다'를 발표하였다.

그리고 1966년 5월 16일 중국 공산당의 총서기인 마오쩌둥(毛澤東 : 1893~1976)의 제창으로 10년간의 문화대혁명의 봉화가 시작되었다. 마오쩌둥은 1966년 5월 4일부터 열린 중국공산당 중앙 정치국의 베이징 확대 회의에서 중국공산당 중앙 위원회를 통해 '5 · 16 통지通知'를 발표했다. 이때 '프롤레타리아 계급 문화대혁명'이라는 표현이 처음 등장하게 됐다.

이 통지는 프롤레타리아 계급 문화대혁명의 깃발 아래 학술, 교육, 보도, 문화, 예술, 출판계의 부르주아 반동 사상을 철저하게 비판해 지도권을 탈취하고, 당과 정부, 군대 내의 부르주아 계급 대표자를 비판해 일소한다는 내용을 담고 있었다.

또한 이런 것들을 제거하기 위해서는 중국의 젊은이들이 사상과 행동을 규합해 "혁명 후의 계급투쟁"을 통해 제거되어야 한다고 하였다. 이는 중국 각지마다 청소년으로 구성된 홍위병의 움직임으로 구체화되었으며, 마오쩌둥의 지시에 따라 전국을 휩쓸어 중국은 일시에 경직된 사회로 전락하게 되었다.

또한 마오쩌둥에 반대되는 세력은 모두 실각되거나 숙청되었다. 이후 10년 동안 중국에서는 전국적인 혼란과 경제적 침체가 야기되었고, 사회적 · 정치적 격동이 벌어졌다.

마오쩌둥은 소련의 잘못된 수정주의가 중국에서도 재연되는 것을 방지하고 중국에서 이상적인 사회주의를 건설하기 위해 문화대혁명을 제창하게 되었다고 공식적으로 천명하였다. 그러나 다른 한편으로는 자신이 시도한 대약진운동에서 파멸적인 결과를 빚어 당에 대한 권력과 영향력이 덩샤오핑(鄧小平 : 1904~1997)과 류사오치(劉少奇 : 1898~1969)에게 넘어가자, 이를 뒤집기 위해 시도한 것이라는 주장도 있다.

이렇게 문화대혁명에 대한 다양한 견해가 존재하지만, 대부분의 중국인들 심지어는 중국공산당 내에서도 국가적 재난이라고 간주하고 있다. 마오쩌둥 사망 후인 1981년 중국공산당은 문화대혁명에 대해 '극좌적 오류'였다는 평가와 함께 마오쩌둥의 과오라고 공식적으로 발표하였다.

—

1975년 5월 16일

일본의 다베이 준코,
여성 최초로 에베레스트 산 등정 성공

—

'제3의 극점'이라 불리는 히말라야 산맥의 에베레스트 산은 '세상 꼭대기'라는 이유 하나만으로 많은 산악인들을 유혹하고 있다.

1975년 5월 16일 일본 여성 원정대의 다베이 준코(田部井淳子 : 1939~)는 여성 최초로 에베레스트 산 정상에 올랐다. 준코는 당시 3세짜리 딸과 남편을 둔 35세의 주부였다.

준코는 1939년 일본 히로시마 현에서 태어났다. 그녀는 쇼와 여자대학교 영문학과를 졸업한 후 본격적으로 산악회에서 활동했다. 1969년에는 '일본 여성 등산부'를 조직하기도 했다.

등반가들은 유럽에서 가장 높은 몽블랑 등정에 성공하자 20세기 중엽부터 히말라야 산맥 등정에 도전하기 시작했다.

1950년 6월 프랑스 등반대가 7,964m 높이의 안나푸르나 제1봉에 처음 올랐으며, 1954년에는 이탈리아 등반대가 8,475m 높이의 K2봉을 오르는 데 성공했다. 1953년 뉴질랜드 출신의 에드먼드 힐러리(Edmund Percival Hillary : 1919~2008)와 네팔인 셰르파 텐징 노르게이(Tenzing Norgay : 1914~1986)가 세계에서 가장 높은 에베레스트 산 정상에 올랐다.

그리고 1978년 5월에는 이탈리아의 등반가 라인홀트 메스너(Reinhold Messner : 1944~)와 페터 하벨러(Peter Habeler : 1942~)가 세계 최초로 에베레스트 산 무산소 등정에 성공했다.

예로부터 티베트에서는 세계의 신모神母라는 뜻으로 에베레스트 산을 초모룽마라고 불렀다. 그리고 영국의 측량 국장이던 조지 에베레스트의 이름을 따서 지금의 이름을 쓰고 있는 것이다.

1975년 다베이 준코가 여성 최초로 에레베스트 산 등정에 성공한 이후, 1988년에는 뉴질랜드의 리디아 브래디(Lydia Bradey : 1961~)가 여성으로서는 처음으로 산소통 없이 에베레스트 산을 등정했다.

* 1953년 5월 29일 '뉴질랜드 탐험가 힐러리, 세계 최초로 에베레스트 산에 오르다' 참조
* 1978년 5월 8일 '라인홀트 메스너, 세계 최초 에베레스트 산 무산소 등정 성공' 참조

1960년 5월 16일

미국의 물리학자 시어도어 메이먼, 레이저 발명

군사 무기에서부터 의료, 음악과 영화, 공연 오락, 상품 바코드 인식에 이르기까지 쓰이지 않는 곳이 없고 앞으로도 그 용도는 무궁무진하다는 평가를 받고 있는 레이저가 미국의 물리학자 시어도어 메이먼(Theodore Harold Maiman : 1927~2007)에 의해 1960년 5월 16일 발명되었다.

메이먼은 1927년 미국 로스앤젤레스에서 태어났다. 그는 어릴 때부터 수학과 물리에 재능을 보였고, 손재주도 좋아 라디오 같은 전자제품 수리로 아르바이트를 할 정도였다.

메이먼은 원래 코미디언을 꿈꿨으나 그의 재능을 눈여겨본 주위 사람들의 권고로 공학자의 길로 들어섰다.

그는 콜로라도 대학교 전기공학과를 졸업한 후 방위 산업 회사인 휴즈 연구소 연구원으로 근무하였다. 거기에서 그는 합성 보석 루비를 이용한 레이저 발진 장치를 만들었다.

레이저는 유도 방출 복사에 의한 빛의 증폭을 일컫는 말이다. 알버트 아인슈타인(Albert Einstein : 1879~1955)에 의해 그 이론적 가능성이 구축됐지만 처음으로 현실화시킨 것은 메이먼이었다.

미국의 물리학자 찰스 타운스(Charles Hard Townes : 1915~)가 그보다 앞서 레이저와 비슷한 개념의 '메이저'라는 것을 만들긴 했으나 이는 빛이 아니라 마이크로파를 이용한 것이었다.

2000년 5월 16일

백악관 출입 기자 헬렌 토머스, 40년 만에 사직

40년 동안 미국의 백악관을 출입하였던 기자 헬렌 토머스(Helen Thomas : 1920~)가 2000년 5월 16일 UPI 통신을 사직하였다.

헬렌은 1920년 미국의 켄터키 주 렉싱턴에서 레바논계 이민자의 딸로 태어났다. 그녀는 1942년 웨인 주립 대학교를 졸업하고, 이듬해 UPI의 전신인 UP에서 주급 24달러짜리 지방기자로 언론에 발을 디뎠다.

그녀는 새벽 5시 30분이면 어김없이 백악관에 나타났다. 1960년 존 피츠제럴드 케네디(John Fitzgerald Kennedy : 1917~1963)가 대통령에 당선된 후 플로리다 주 팜비치에서 휴가 중이던 당선자 가족을 취재한 것이 계기가 돼, 케네디 대통령 부인 재클린 케네디(Jacqueline Kennedy Onassis : 1929~1994) 여사를 전담하는 백악관 출입 기자가 됐다.

그녀는 1976년 세계 연감에서 '미국의 가장 영향력 있는 25명의 여성'에 선정됐으며 수많은 상과 명예 학위를 받았다. 저서로는 자신의 회고록『백악관 앞줄의 여기자』가 있다.

1929년 5월 16일

제1회 아카데미상 시상식 개최

1929년 5월 16일 미국에서 가장 권위 있는 영화상으로 알려진 제1회 아카데미상 시상식이 미국 할리우드 루스벨트 호텔에서 개최됐다. 특이하게도 대회 입장료로 10달러를 받았다.

감독과 배우 등 영화인 250명이 첫 시상식에 참석한 가운데 11개 부문별 수상작이 발표됐다. 그중에서 여우주연상은 재닛 게이너가, 남우주연상은 에밀 야닝스가 수상했고 감독상은 루이스 마일스톤과 프랭크 보제이즈가 공동수상했다.

수상자들은 높이 34cm, 무게 3.85kg의 청동으로 만들어 도금한 나체 조각상을 받았다. 아카데미상의 정식 이름은 영화 예술 과학아카데미상인데, 이 나체 조각상의 이름이 '오스카Oscar'로 알려지면서 아카데미상은 '오스카상'으로도 널리 불리게 됐다.

1991년 5월 16일

중국과 소련, 국경 협정 체결

중국과 소련이 1969년 3월 우수리 강 유역에서 국경 분쟁을 일으킨 이후, 양국간의 국경 확정을 위한 회담이 계속되었다.

1991년 3월 양측은 4,300km에 이르는 중국과 소련의 동부 국경에 대한 잠정적인 합의에 이르게 되었고, 5월 16일 중국의 장쩌민(江澤民 : 1926~) 주석이 모스크바를 방문하였을 때 양국 외무 장관에 의해 최종적으로 서명되었다.

그리고 이듬해 2월 양국은 국경 협정을 비준하였다.

* 1969년 3월 2일 '중국과 소련, 우수리 강에서 무력 충돌' 참조

5월의
모든 역사

5월 17일

■
·
■

1973년 5월 17일

미국, 워터게이트 사건 청문회가 개시되다

어느 날 한 청년이 「워싱턴 포스트」 신문사를 찾아가 기자로 채용해 달라고 말했다. 편집국장은 2주 동안 기삿거리를 찾아오라고 했다. 청년은 밤낮으로 거리를 돌아다니며 기삿거리를 찾았다. 2주 뒤 편집국장은 청년의 기사를 보고 한마디 했다.

"기자로서 자질이 부족하군. 자네가 기사에 무얼 말하려는지 모르겠어."

청년은 머리를 한 대 맞은 듯했다. 결국 그 청년은 다른 일자리를 구했다. 하지만 꿈을 단념할 수 없었던 청년은 느닷없이 편집국장에게 전화해 한 번만 더 기회를 달라고 부탁했다.

휴가 중이던 편집국장은 버럭 화를 냈다. 하지만 옆에서 그 모습을 지켜보던 아내가 말했다.

"여보, 쉽게 포기하지 않는 끈기야말로 기자가 갖춰야 할 자질 아닌가요. 훌륭한 기자가 될 듯해요."

듣고 보니 맞는 말인 듯해 편집국장은 청년을 채용했다. 얼마 뒤 아내의 직감은 들어맞았다.

1973년 5월 17일, 이른바 워터게이트 사건에 대한 미 상원의 청문회가 개시됐다. 이 청문회는 텔레비전으로 미국 전역에 방송됐으며, 증인으로 출석한 리처드 닉슨(Richard Milhous Nixon : 1913~1994) 대통령의 선거 운동 담당자의 증언을 시작으로 닉슨 정권의 선거 방해, 정치 헌금의 부정, 수뢰, 탈세 등이 점차로 드러났다.

이튿날인 5월 18일에는 아치볼드 콕스(Archbald Cox : 1912~2004) 하버드 대학교 교수가 특별검사로 임명되면서 워터게이트 사건의 진상을 파헤치는 작업이 본격화되었다. 미 상원의 청문회와 콕스 특별 검사의 집요한 조사가 진행됐고 「워싱턴 포스트」 등 언론사들도 이 사건을 끈질기게 취재해 보도했다.

워터게이트 사건은 1972년 6월 17일 리처드 닉슨 미국 대통령의 재선을 획책하는 비밀공작반이 워싱턴 워터게이트 빌딩에 있는 민주당 전국 위원회 본부에 침입해 도청 장치를 설치하려다 발각된 사건을 말한다.

이 사건은 처음에는 큰 주목을 받지 못했다. 하지만 「워싱턴 포스트」의 신참 기자 밥 우드워드(Bob Woodward : 1943~)와 칼 번스타인(Carl Bernstein : 1944~)은 딥 스로트Deep Throat라는 익명의 고위 관리에게서 제보를 받고 집요하게 사건을 추적하였다.

이 사건으로 관련자 제임스 코머드 등 7명이 체포되고 이들에 대한 재판이 진행되던 중에 미첼 재선 위원장, 홀드먼 보좌관 등 닉슨의 측근도 관련되었다는 사실과 백악관의 은폐 조작 이전부터 행해진 정적에 대한 불법적 정보 활동 등이 밝혀졌다.

그리하여 닉슨 대통령은 1973년 4월 홀드먼, 에릭먼드 두 보좌관, 딘 법률 고문, 크라인딘스트 사법 장관을 사임하게 하였다.

콕스가 특별 검사로 임명된 지 5개월 만인 1973년 10월, 그를 해임하라는 닉슨 대통령의 지시를 거부한 법무 장관과 차관, 그리고 콕스 검사가 한꺼번에 해임당하는 이른바 '토요일의 대학살' 사건이 발생한다.

당초 닉슨은 도청 사건과 백악관의 관계를 부인했으나 진상이 규명됨에 따라 대통령 보좌관 등의 관계 사실이 밝혀졌고, 대통령 자신도 무마 공작에 나섰던 사실이 폭로되어 국민 사이에 불신 여론이 높아졌다.

결국 닉슨 대통령은 워터게이트 사건이 발생한 지 2년 2개월 만인 1974년 8월 8일 하야하였다. 임기 도중 대통령이 사임한 것은 미국 역사상 최초의 일이었으며, 미국 역사에 오점을 남기는 사건이기도 했다.

이후 후임 대통령으로 임명된 제럴드 포드(Gerald Rudolph Ford : 1913~2006)가 닉슨의 재임 기간 중 발생한 범죄 사실에 대해 사면 조치를 취함으로써 이 사건은 일단락되었다.

* 1973년 4월 30일 '미국의 닉슨 대통령, 워터게이트 사건 책임을 물어 보좌관과 법률 고문 해임' 참조

1954년 5월 17일

미국 연방대법원, 흑백 분리 교육 위헌 판결

미국의 노예로 실려 온 흑인들은 1863년 1월 에이브러햄 링컨(Abraham Lincoln : 1809~1865) 대통령의 노예 해방 선언에 따라 백인과 똑같은 권리를 누릴 자격을 획득하였다. 하지만 1896년 미국 대법원의 '분리하되 평등하다separate but equal'라고 판결한 '플레시 대 퍼거슨' 사건 결과에 따

라 흑인들은 사실상 교육에서 백인에 비하여 차별을 받아왔다.

1951년 미국 캔자스 주 토피카에 살고 있던 초등학교 3학년 흑인 소녀 린다 브라운은 피부색이 다르다는 이유로 본인의 집에서 가까운 학교를 놔두고 1마일이나 떨어진 흑인들만 다니는 학교를 매일 걸어서 가야 했다. 이에 린다의 아버지 올리브 브라운은 집에서 가까운 백인들만이 다니는 초등학교로의 전학을 신청했으나 피부색이 다르다는 이유로 교장이 이를 거절하였다. 이에 분노한 올리브 브라운은 토피카 교육위원회를 상대로 소송을 걸었다.

또한 캔자스와 사우스캐롤라이나 등에 살고 있던 흑인 부모들도 흑백 분리의 부당함을 호소하며 대법원에 헌법 소원을 제출하였다. 법리 논쟁과 유형 · 무형의 압력으로 판결은 3년 동안 미루어졌다.

그러던 1954년 5월 17일 미국 연방대법원은 '브라운 대 캔자스 주州 토피카 교육위원회' 간의 인종차별에 의한 학교 분리 소송에 대한 판결을 내려 미국 공립학교의 인종 분리를 금지시켰다.

미 대법원은 "분리된 시설은 본질적으로 불평등하다."고 전원 합의로 선언하고, 1896년 대법원에서 내려진 '분리된 평등' 원칙은 이제 공립학교에서 사용될 수 없다고 판결했다. 그리고 대법원은 학교에서 인종차별 제도를 폐지하도록 명령하였다.

많은 남부 지역 사람들은 공립학교를 폐지시키겠다고 맹세한 조지아와 사우스캐롤라이나 두 주州의 지도자들과 함께 미 연방대법원의 새로운 판결에 대해 분노하였다.

하지만 이 판결은 미국 사회 내에서 분리되어 학교를 다니고 있는 850만의 백인 아동들과 250만의 흑인 아동들에게 큰 영향을 미쳐 흑인의 지위를 높여 주는 계기가 되었다.

* 1896년 5월 18일 '미국 연방대법원, 공공장소에서의 인종 격리를 법적으로
인정' 참조

―

1999년 5월 17일

에후드 바락, 이스라엘 총리 당선

―

1999년 5월 17일에 치러진 이스라엘 조기 총선에서 에후드 바락
(Ehud Barak : 1942~)이 베냐민 네타냐후(Benjamin Netanyahu : 1949~)를
누르고 이스라엘의 새로운 총리로 당선되었다.

바락은 1942년 미시마르 하샤론 키부츠에서 태어났다. 시오니스트
운동의 열성 회원이었던 그의 부모는 모두 1930년대 초반, 동유럽에서
지금의 이스라엘 땅으로 이주해왔다.

그는 이스라엘이 그동안 치른 전쟁에 한 번도 빠지지 않고 참전한 백
전노장이었다. 또한 1976년 뮌헨 올림픽을 아수라장으로 만든 팔레스
타인 테러 조직 '검은 9월단'에 당시 여자로 가장하여 침투해 '검은 9월
단' 3명을 간단히 처치한 영웅이었다.

그리고 바락은 '이스라엘에서 가장 많은 훈장을 받은 군인'으로 최고
무공훈장 외에도 4차례에 걸쳐 훈장을 받았다. 그는 1995년 1월 군참
모총장을 끝으로 36년간의 군 생활을 마쳤으며, 1997년 정치인으로 변
신해 노동당 당수로 선출된 후 노동당의 이미지 변신과 이스라엘의 통
합을 위해 노력했다.

바락은 이스라엘의 새로운 총리로 당선된 이후 줄곧 "중동 평화를 위
해서는 이스라엘 영토의 일부를 양보할 수도 있다."는 온건론을 펴는가

하면, "이스라엘은 극좌와 극우 사이로 난 상식의 좁은 길을 통해 평화를 추구하는 길밖에 없다."며 '극과 극'의 조화를 추구하고자 하였다.

—

1998년 5월 17일

스위스의 변호사 미넬리, 안락사 전문 디그니타스 병원 설립

—

1998년 5월 17일 인권변호사이자 기자 출신인 루드비히 미넬리 (Ludwig Minelli : 1932~)는 말기 환자나 불치병 환자가 생을 존엄하게 마감하도록 하기 위하여 스위스 취리히에 안락사 지원 전문 병원 디그니타스를 설립하였다. '디그니타스'란 '존엄'을 뜻하는 라틴어이다.

스위스는 1940년대부터 다른 사람의 안락사를 간접적으로 도와주는 '조력자살'을 허용하고 있다. 이에 따라 이 병원에서는 의사가 환자에게 수면제나 극약 등을 처방해 주고 환자가 스스로 약을 먹어 목숨을 끊도록 한다. 1999년부터 2008년까지 약 10년간 디그니타스에서 약 840여 명이 안락사하였다.

스위스에 있는 4곳의 안락사 지원 병원 중 유일하게 외국인을 받고 있기 때문에, 설립 이후 안락사 시술을 받은 사람 중 3분의 2가 외국인이다. 회원이 되려면 치료가 불가능하다는 의사의 확인이 있어야 하고, 스스로 죽음에 대한 판단을 할 수 있는 사람이어야 한다.

이 병원에서는 삶을 잘 마무리하기 위한 상담, 자살 및 자살 시도 예방, 환자 교육 등의 일도 하고 있다.

한편 안락사의 정당성과 정신질환자까지 수용하는 데 대한 국제적 비난과 윤리 논쟁이 거세지자, 스위스의 취리히 주州는 외국인의 경우 스위스에서 6개월 이상 거주하고 2명 이상의 의사에게서 진단서를 받은 사람에 한해서만 안락사 지원을 해 주는 법안을 마련하였다.

또한 병원에 근무하는 의료 요원들도 안락사 관련 특별 훈련 과정을 거친 뒤 시험을 통해 안락사 시행 증명서를 소지하도록 의무화하였다.

* 2001년 4월 1일 '네덜란드, 세계 최초로 안락사를 합법화하다' 참조

—

2009년 5월 17일

스리랑카 내전 종결

—

"내전은 쓰라린 종말에 도달했다. 우리는 이제 단 하나의 선택만을 갖고 있다. 우리는 총을 거두기로 결심했다"

-셀바라사 파트마나탄, 반군 국제협력 담당자

스리랑카 타밀족 반군인 타밀엘람 해방 호랑이LTTE가 2009년 5월 17일 패배를 선언했다. 이날 스리랑카 정부군은 타밀 반군의 최고 지도자 벨루필라이 프라브하카란(Thiruvenkadam Velupillai Prabhakaran : 1954~2009)의 시신을 발견했다. 이로써 1983년에 시작돼 26년간 이어져 온 스리랑카 내전이 종결됐다.

1976년 타밀족 독립 국가인 '타밀엘람' 건설을 기치로 출범한 LTTE는 정부 요인 암살과 테러 등에 집중하며 세력을 키워오다, 1983년 북부 지역에 주둔한 정부군을 사살하면서 내전을 촉발했다. 이후 26년간

계속된 내전에서 약 8만여 명 이상이 숨졌다.

스리랑카 정부군은 5월 16일 내전 발발 이후 처음으로 스리랑카 섬의 전 해변을 장악했다. 이는 반군의 도주로가 완전히 차단됐다는 의미였다.

한편 마힌다 라자파크세(Percy Mahendra Rajapaksa : 1945~) 스리랑카 대통령은 이날 전쟁 승리를 선언했다.

—
2004년 5월 17일

메사추세츠 주, 미국에서 처음으로
동성 결혼 합법화하는 법률 통과
—

2004년 5월 17일, 미국의 매사추세츠 주가 미국에서는 처음으로 동성 결혼을 합법화하는 법률을 통과시켰다. 2004년 2월 미국 매사추세츠 주 대법원이 동성 결혼에 완전한 권리를 부여한다는 판결을 내린 이후의 후속 조치였다.

동성 결혼은 생물학적, 사회적으로 동일한 성별을 가진 두 사람 사이에 법률상, 사회상 이루어지는 결혼을 말한다. 그동안 동성 결혼은 종교, 주로 기독교 관습에 반한다 하여 신자들과 동성 결혼 지지자들LGBT 사이에 많은 갈등이 있어 왔다.

하지만 20세기 말부터 LGBT 운동이 활발히 일어나면서, 몇몇 국가들이 개인의 행복추구권과 평등권을 염려하여 동성 결혼을 허용하고 있다. 그 외에도 시민 결합과 파트너 등록제와 같은 동성 결혼과는 법적으로, 정의적으로, 상호적으로 다른 법적 장치들이 다른 나라들에 존재한다.

한편 2000년 네덜란드가 세계 최초로 동성애자 커플의 결혼을 법적
으로 허용하였으며, 이후 2003년에는 벨기에가 동성애자들의 결혼을
허용하는 법률을 통과시켰다. 그리고 2005년에 캐나다와 스페인이 동
성 커플의 결혼을 법적으로 허용하였다.

그리고 이후 미국에서는 메릴랜드 주를 비롯해 8개 주와 워싱턴 DC
가 동성 간의 결혼을 합법화했다.

—

1959년 5월 17일

아프리카 잠베지 강에 카리바 댐 완공

—

아프리카 잠비아와 짐바브웨의 국경을 흐르는 잠베지 강 중류에
1959년 5월 17일 카리바 댐이 완공되었다. 이 댐은 물 부족 해소와 수
력 발전을 목적으로 1955년 착공되었다.

공사 도중 87명의 희생자가 발생하였는데, 그 이유에 대해 이 고장
사람들은 잠베지 강에 있는 머리는 사자, 그 아래로는 뱀의 모습을 한
냐미냐미라는 신이 화를 냈기 때문이라고 주장했다. 카리바 댐은 건설
당시, 댐으로 수몰된 지역에 남겨진 동물들을 살리기 위한 ‘노아의 방
주’ 계획이 시도되었다.

카리바 댐의 완성으로 세계 최대의 인공호수가 생겼고, 매년 크기
1m가 넘는 물고기 타이거 피쉬를 잡는 국제 낚시 대회가 열리고 있다.

5월의
모든 역사

5월 18일

2006년 5월 18일

인간게놈프로젝트 연구진, 1번 염색체를 완전 해독함으로써 인간 게놈지도를 완성하다

"인간의 유전자 지도는 인류가 만든 가장 경이로운 지도이다."

-빌 클린턴

인간이 지닌 23개 염색체 가운데 가장 많은 유전자DNA를 지니고 있고, 관련 질병도 많으며 가장 긴 1번 염색체가 완전 해독됐다. 영국과 미국의 과학자 150여 명으로 이루어진 국제공공컨소시엄 '인간게놈 프로젝트HGP' 연구진은 2006년 5월 18일에 발간된 영국의 과학전문지 『네이처Nature』를 통해 3,141개의 유전자와 991개의 유사유전자의 순서를 밝혔다.

이로써 HGP 연구진은 염색체 연구에 착수한 지 16년 만에 인간의 23개 염색체를 모두 해독하는 데 성공해 '생명의 책'으로 불리는 인간 게놈지도를 완성했다.

인간의 DNA는 A(아데닌), C(시토신), G(구아닌), T(티민)의 4개 염기가 쌍을 이루면서 구성돼 있다. 세포 분열을 할 때 이중나선 구조를 갖춘 DNA가 얽혀 만들어지는 것이 염색체이다. 염색체 전체를 게놈이라고 부르는데, 인간 게놈은 23번인 1개의 성염색체(남자 X, 여자 Y)와 22개의 염색체로 구성돼 있다.

이 중 크기에 따라 번호를 매긴 1번 염색체가 다른 염색체들에 비해 유전자가 2배나 많은 가장 긴 염색체이기 때문에 제일 나중에 해독된 것이다. 특히 1번 염색체는 유전자 결함으로 발생하는 알츠하이머병과 파킨슨병, 자폐증, 고高콜레스테롤, 정신지체증후군, 신경계 이상 등을 포함해 350개가 넘는 각종 질병과 연관돼 있다.

또 이 염색체의 유전자에는 2억 2,300만 개의 염기쌍이 들어가 염색체에 들어 있는 인간 게놈 염기쌍 30억 개의 8%를 차지하고 있다. 해독된 염색체는 '자료의 금광'으로 인간의 유전 질병을 진단하고 대처하는 방법을 제시할 새 원천 무기를 확보한 것이라고 평가 받았다.

미국 듀크 대학교의 사이먼 그레고리 교수는 "이제 해독된 염색체를 바탕으로 생물학과 의학 연구에서 커다란 물결을 일으킬 수 있게 됐다."고 말했다.

2000년 6월에는 HGP와 미국의 민간기업인 셀레나 제노믹스가 인간의 염색체 지도 초안을 작성했다고 발표했다. 당시에는 염색체 지도의 90%를 작성한 것이었다. 그리고 이후 HGP는 작업을 계속해 염색체 1번을 최종적으로 해독함으로써 각 염색체 안의 염기 서열을 99.99%까지 밝혀냈다.

――

1896년 5월 18일

미국 연방대법원, 공공장소에서의
인종 격리를 법적으로 인정

――

"흑인을 백인과 분리하되 평등한 시설을 제공한다면 이것은 수정 헌법 제
14조에 어긋나지 않는다."

-플레시 대 퍼거슨 판결문

1865년 미국 남북 전쟁이 끝나고, 복구 기간 동안 연방 정부는 이제막 노예에서 해방된 시민들에 대하여 몇 가지 보호 조치를 제공하였다. 그러나 복구가 1877년에 갑자기 마무리되면서 연방 군대는 철수하였다.

이에 흑인에 대해 적대감을 가지고 있던 남부의 주州정부들은 흑인들이 백인과 같이 공공시설을 이용할 수 없도록 하는 이른바 짐 크로우Jim Crow 법률을 통과시켰다.

또한 1890년 미국 남부의 루이지애나 주에서는 철도를 경계로 하여

흑인과 백인의 편의시설을 분리하도록 하고, 열차 안에서도 흑인과 백인은 따로 타도록 하는 법률을 통과시켰다.

　어느 날, 7/8은 백인의 혈통을, 1/8은 흑인의 혈통을 가진 혼혈인 호머 플레시가 열차를 탔다. 그런데 그가 백인 열차 칸에 앉아 있다가 적발되어 차장으로부터 유색인종 열차 칸으로 옮기라는 명령을 받았다. 하지만 플레시가 그것을 거부하였고, 이에 그는 인종 격리 차량법The Separate Car Act 위반으로 고발당하였다.

　플레시는 남북 전쟁 후 흑인을 위해 만들어진 수정헌법 14조를 위반한 것이라며 정식 재판을 청구하여 지방재판관 퍼거슨과 충돌하였다.

　1896년 5월 18일 미국 연방대법원은 플레시 대 퍼거슨 사건을 통해 "인종과 피부 색깔로 열차 칸을 나눈 것은 잘못이지만 규모나 설비 등에 있어서 나눠 좋은 시설이 양쪽 모두 같으면 괜찮다. 따라서 분리한 시설이 백인의 그것과 동등한 시설이면 흑인의 평등권을 빼앗은 것이 아니다."라는 결론을 내렸다.

　즉 '분리하되 평등하다separate but equal'는 판결을 내림으로써 공공장소에서의 인종 격리를 법적으로 인정해 준 셈이었다.

　그러나 이 판결은 1954년 5월 브라운 대 토피카 교육위원회 사건을 통해 폐기되었다.

* 1954년 5월 17일 '미국 연방대법원, 흑백 분리 교육 위헌 판결' 참조

1980년 5월 18일

미국 세인트 헬렌즈 산에서 화산 폭발

미국 태평양 연안의 워싱턴 주 세인트 헬렌즈 산에서 1980년 5월 18일 화산이 폭발했다. 분화 조짐은 3월 20일부터 포착되었고 27일부터는 소규모의 분화가 시작됐다. 4월부터 산의 북쪽 중턱이 불룩해지기 시작하자 관측소는 24시간 대기 상태로 폭발에 대비했다.

헬렌즈 산의 화산 폭발은 히로시마에 투하되었던 폭탄이 2만 7,000개 모였을 때와 맞먹을 정도로 강력하였으며, 그 폭발은 9시간 이상 계속됐다.

드디어 해발 2,950m 산 정상이 화산 내부의 압력을 견디지 못하고 폭발해 뜨거운 마그마가 산 정상의 눈과 만나 수증기가 되어 대기권으로 치솟아 올랐다. 그 결과 눈사태와 진흙 사태가 일어나 시속 100~400km의 허리케인과 맞먹는 속도로 맹렬하게 산 아래로 흘러 내려갔다.

자그만치 28km나 쏟아져 내려오고 나서야 모든 것을 초토화시킨 대장정은 막을 내렸다. 폭발음이 300km나 떨어진 캐나다의 밴쿠버에까지 들릴 정도였다. 숲은 파괴되었고, 인명 피해가 속출했다. 재구름이 북아메리카 대륙을 횡단하는 데 걸린 시간은 단 3일에 불과했다.

이 화산 폭발로 인한 사망자와 행방불명자는 약 70여 명이었다.

1974년 5월 18일

인도, 지하 핵실험 성공

1974년 5월 18일, 인도가 서부 라자스탄 주의 타르 사막 지하 100m에서 행해진 핵실험을 성공했다. 이로써 인도는 미국, 소련, 중국, 영국, 프랑스에 이어 세계에서 6번째의 핵보유국이 됐다.

인도 정부는 이 실험이 평화 이용 연구의 일환으로, 광산이나 토사 이동 등을 위해 계획된 것이며 핵병기 보유는 생각하지 않고 있다고 발표했다.

이날의 핵실험은 자국 내에서는 환영받았지만 국외에서는 핵확산의 위협을 고조시켰다며 반발을 샀다. 특히 1956년 이래 인도에 원자력 기술 원조를 해 온 캐나다는 22일 인도에 대한 원조를 전면 중지한다고 발표했다.

또 인도와 오랫동안 대립 관계를 유지하면서 1971년에 전쟁을 한 바 있는 파키스탄도 이에 반발하여 6월 10일에 예정돼 있는 인도-파키스탄 실무 협의의 개최를 거부했다.

1899년 5월 18일

제1차 만국 평화회의, 네덜란드 헤이그에서 개최

"26개국이 모인 이번 평화회의를 통해 만국萬國이 하나로 뭉쳐 분쟁과 갈
등을 극복함으로써, 정의에 바탕을 둔 인류 평화를 실현시킵시다."

-미하일 무라비요프

군비축소 문제를 토의하기 위해 전 세계 26개 대표가 모인 제1차 만
국 평화회의가 1899년 5월 18일 네덜란드 헤이그에서 개최되었다.

이 회의에서 러시아 외상이었던 미하일 무라비요프(Mikhail Nikolaevich
Muraviyov : 1796~1866)는 기조연설을 통해 새로운 20세기를 맞는 인류
의 희망을 대변했다. 하지만 회의 기간 동안 군비축소 회담은 실패하였
고, 다만 국제 분쟁을 중재하는 상설 재판소 설치에 합의하였다.

제2차 만국 평화회의는 1907년 6월 24일에 제1차 회의 때와 마찬가
지로 네덜란드 헤이그에서 개최되었다. 이 회의에는 대한제국 고종의
밀령을 받은 이상준과 이준이 파견된 것으로 유명하다.

1944년 5월 18일

연합군, 이탈리아 몬테카시노 수도원 공격

제2차 세계 대전의 전세가 연합군 측으로 기울어가던 1944년 5월 18
일, 이탈리아 로마의 남동쪽에 위치한 몬테카시노 수도원이 연합군의

맹공격을 받았다.

이는 연합군의 대공세에 밀린 독일군이 언덕에 자리한 몬테카시노 수도원으로 퇴각해 사령부를 세웠기 때문이다. 연합군은 지상은 물론 공중에서도 무차별 폭격을 가해 이탈리아 국가기념물인 이 수도원을 완전히 파괴했다.

유럽 수도원의 발상지인 베네딕투스 수도회의 총본산인 몬테카시노 수도원은 전쟁이 끝난 후에 복구됐다.

5월의
모든 역사

5월 19일

1919년 5월 19일

터키 혁명이 시작되다

"오스만의 자손들이 터키 민족을 지배하고 통치를 600년 이상 계속할 수 있었던 것은 폭력 때문이었다. 이제 우리 국민은 이들에게 반기를 들고일어나 주권을 행사할 때이다." 국민의회 의원들이 술탄 정부 해체에 망설이자 케말이 외쳤다.

안개가 짙게 덮인 1919년 5월 19일 아침 7시, 무스타파 케말(Mustafa Kemal Ataturk : 1881~1938)은 흑해의 항구인 삼순항에 도착했다. 그에게 주어진 임무는 질서 회복이었다. 그러나 마음속에 품고 있는 것은 유럽에 지배당하는 오스만 정부에 대해 반란을 일으키는 것이었다. 38세의 케말이 나무로 엉성하게 만든 다리를 건너고 있을 때 아무도 앞으로 벌어질 일을 알지 못했다.

오늘날 터키는 동방의 땅을 의미하는 아나톨리아Anatolia, 즉 소아시아 지방의 대부분을 차지하고 있다. 이 지역은 고대에는 동로마 제국의 영토로, 사산조 페르시아와 이슬람 제국의 위협을 받았다. 1071년 이슬람교를 믿는 중앙아시아의 셀주크 투르크족이 이 지역을 점령하고 시리아, 중앙아시아, 이집트마저도 차례로 정복하였다. 하지만 14세기 초에 몽골족이 침입하여 멸망 당하였다.

한편 같은 투르크족의 오스만 왕이 오스만 제국을 세웠다. 오스만 제국은 14세기에 소아시아와 발칸 반도를 점령하였고 1453년에 비잔틴 제국을 멸망시켰다. 그 뒤 유럽의 동부에서 이집트에 이르는 대제국을 건설하였다.

하지만 1566년 술탄 술레이만 1세(Suleiman I : 1494~1566)가 죽은 이후 1789년까지 17명의 술탄들은 거의 예외 없이 무능하였다. 셀림 3세(Selim III : 1761~1808)가 1789년에 즉위하여 오스만 제국의 근대화를 서둘렀지만 보수 세력의 반발로 셀림은 살해되었고, 오스만 제국의 근대화 작업은 앞선 유럽을 따라가기에는 너무 느리게 진행되었다.

19세기에 들어서자 유럽에서는 민족주의 운동이 활발히 일어났고 나폴레옹의 이집트 원정 같은 유럽의 압력과 침략이 거세어졌다. 그리스가 독립하고 이집트는 제국에서 벗어났다. 이와 함께 오스만에도 유럽의 산업 혁명 소식이 전해졌으며, 서양의 자유사상이 18세기 말부터 들어오기 시작하면서, 유럽적인 사상을 가진 지식인들이 세력을 만들기 시작했다.

이들은 압둘 아지즈를 폐위시키고 1876년 압둘 하미드 2세(Abdul-Hamid Ⅱ : 1842~1918)를 술탄으로 세워 오스만 헌법을 공포하도록 하였다. 오스만 제국은 최초의 헌정 시대를 맞이하였지만 압둘 하미드 2세는 1878년 헌법을 정지시키고 구체제로 돌아가려 하였다. 하지만 역사의 흐름을 되돌릴 수는 없었다. 술탄에 반대하는 세력이 국내외에서 일어났다. 1908년 청년 장교들이 청년투르크당을 만들고 헌법과 의회 정치를 부활시키려는 명분으로 혁명을 일으켰다. 압둘 하미드 2세는 헌법 부활을 승인하였다.

다민족으로 구성된 오스만 제국에서는 어떤 방법으로 국민들을 통합시킬 것인가라는 문제가 발생하였다. 오스만주의나 이슬람주의는 모든 국민을 포함시킬 수 없었다. 이때 등장한 것이 투르크 민족주의로, 투르크 언어를 사용하는 사람들을 문화적, 정치적으로 포함시키는 범투란주의로 발전하였다.

그러나 오스만 제국은 스스로 근대화를 이루어 나가기에는 너무 약하였다. 1912년과 1913년에 걸쳐 발칸 전쟁이 일어나 오스만 제국은 이스탄불 지역을 제외한 지역을 유럽 제국에 할양하였다. 또한 1915년부터 1918년까지 계속된 제1차 세계 대전에 참전하여 독일 측에 서서 싸웠으나 패하였다.

그리고 1918년에 압둘 하미드 2세가 죽고, 오스만 제국의 마지막 술탄 메메드 6세(Mehmed Ⅵ : 1861~1926)가 즉위하였다. 술탄은 전쟁 패배의 책임을 청년터키당을 이끌었던 전쟁 장관 엔베르 파샤(Enver Paĉa

: 1881~1922)에게 돌렸다.

무스타파 케말이 등장한 것은 술탄이 1918년 12월 의회를 해산하고 집권 세력인 개혁주의자와 민족주의자 조직을 해체하려는 기간이었다. 술탄은 38세가 된 케말을 아나톨리아 동부의 감찰관으로 파견하여 저항 세력들을 해체시키라고 했다.

그러나 케말은 1919년 5월 19일 삼순항에 도착하여 오히려 저항 조직을 주도해 갔다. 터키 혁명이 시작된 것이다. 케말이 명령을 어기고 독립 운동을 주도하고 있다는 말을 들은 술탄은 그에게 소환 명령을 내렸지만 듣지 않았다. 케말은 술탄의 권위와 충성을 상징하는 군복을 벗고 군에서 물러났다.

군을 떠난 케말이 계속 저항 운동을 이끌 수 있을지는 예측할 수 없었다. 마침내 술탄은 동부의 캬즘 카라베키르 장군에게 케말을 체포하라는 명령을 내렸다. 캬즘은 군인들을 끌고 같은 청년터키당 동지였던 케말을 찾아갔다. 케말의 인생과 혁명의 운명이 걸려 있는 순간이었다.

"각하는 예전과 마찬가지로 아직도 우리들이 존경하는 사령관입니다. 저는 각하의 공용 마차와 호위기병을 데리고 왔습니다. 우리 모두는 각하의 명령을 따를 것입니다. 파샤!"

캬즘 장군이 케말에게 경례를 하며 말했다. 캬즘의 지지를 얻은 케말은 전국 대표자 회의를 개최하고 위원장이 되었다. 케말이 연합국을 등에 업고 있는 술탄과 대립하게 된 것이다. 한편 술탄은 제1차 세계 대전의 패배로 오스만 제국의 분할과 반식민지 상태로 떨어져야 하는 세브르 조약을 1920년 8월 연합국과 맺었다.

케말과 그가 이끄는 국민의회 정부는 이러한 굴욕적인 외교를 승인하지 않았다. 1921년 케말은 혼란을 틈타 앙카라로 쳐들어오는 그리스군을 물리쳤다. 그리고 본격적인 정치 개혁에 나서 1922년 11월에 술탄 제도를 폐지하고 다음해 공화제를 선포하였다. 케말은 터키 공화국의 초대 대통령이 되었다.

2009년 5월 19일

마이클 마틴, 314년 만에 처음으로 영국 하원의장직 중도 사퇴

'국회의원 공금유용 스캔들'의 여파로 2009년 5월 19일 마이클 마틴 (Micheal Martin : 1945~) 영국 하원의장이 영국 의정 사상 314년 만에 처음으로 중도 사퇴하는 사태가 벌어졌다.

'공금유용 스캔들'은 영국 국회의원들이 국회의사당이 있는 런던에 숙소를 유지할 수 있도록 의회가 '주택 보조금'을 지급하는 제도를 악용, 개인적 용도의 비용 지출까지 과다 청구해 국민 세금을 유용한 사건이었다.

마틴 의장은 정치 스캔들로 비화한 의원들의 주택 보조금 사용 내역에 대한 공개를 수년간 지연시켜 문제의 씨앗을 잉태한 장본인이란 비판을 받고 있었다. 게다가 본인 자신도 사적인 외출에 운전기사가 딸린 고급차를 이용하고 그 비용을 청구한 것으로 드러나 공금 유용 논란에 휩싸여 있었다.

하지만 보수당 등 야당 의원들은 그에 대한 불신임 결의안을 내고 연

대서명을 받았다. 이에 여당인 노동당 일부 의원들도 야당의 사퇴 요구
에 동조했다. 결국 그는 "6월 21일에 사직하겠다."는 담화문을 발표하
였다.

　영국 하원의장은 의원들의 투표로 선출되는데 한번 선출되면 본인이
정계에서 은퇴하거나 죽기 전까지는 자리가 유지되는 사실상 종신직이
다. 1695년 존 트레버경卿이 1,000파운드의 뇌물을 받은 사건으로 하원
의장을 중도 사퇴한 것이 유일한 사례였다.

—

1798년 5월 19일

나폴레옹, 이집트 원정 출정

—

　프랑스 혁명을 견제하기 위하여 유럽의 열강들은 프랑스를 공격하였
다. 그러나 프랑스에서는 나폴레옹이 나타나 열강들의 침략을 막아내
고 오히려 유럽을 정복하기 시작했다.

　프랑스는 영국이 인도로 가는 길을 막기 위해 이집트 원정을 준비하
였다. 원정의 지휘자는 나폴레옹으로 결정되었다. 그리고 원정 준비는
비밀리에 이루어졌다. 1798년 5월 19일 5만 4,000명의 군인들이 영국
함대가 장악한 지중해를 건너가기 시작했다.

　원정대는 6월 9일 몰타를 점령하고 7월 2일에는 알렉산드리아를 점
령하였다. 원정에서 종주국 오스만 제국은 큰 걸림돌이 되지 않았다.
그리고 7월 21일에는 이집트에 도착하여 피라미드를 바라보았다.

　하지만 나폴레옹은 프랑스 함대가 아부키르 만에서 영국 함대에 패
배하고 유럽에서 프랑스에 대항하는 동맹이 이루어지자 본국으로 귀국

하였다.

1536년 5월 19일

영국 헨리 8세의 두 번째 왕비, 앤 불린 처형

앤 불린(Anne Boleyn : 1504?~1536)은 영국의 절대군주 헨리 8세 (Henry VIII : 1491~1547)의 두 번째 부인이자 엘리자베스 1세(Elizabeth I : 1533~1603)의 어머니다.

앤은 어린 시절의 3년간을 프랑스에서 보낸 뒤 15세 때 귀국하였 다. 그리고 얼마 지나지 않아 궁정으로 들어가 왕비 캐서린(Catherine of Aragon : 1485~1536)의 시녀가 되었다. 그녀는 금발에 푸른 눈을 가진 전통적인 미인이 아니었지만, 당시 유행의 최첨단을 걷던 프랑스 궁정 에서 성장해 세련됐고 화술도 뛰어났다.

헨리 8세는 앤을 끊임없이 유혹했지만 그녀는 거절하고 정식 결혼을 요구했다. 헨리는 그녀와 결혼하기 위해 교황에게 캐서린과의 결혼 무 효를 신청하고, 종교개혁의 명분을 앞세워 로마 가톨릭교회와 결별하 였다.

1533년 1월 25일 헨리는 앤과 비밀결혼을 하였고, 부활절에 이 사실 을 공포하였다. 그리고 앤은 9월에 엘리자베스 1세를 낳았지만, 1536 년에는 왕자를 사산했다.

그러자 앤도 결혼 3년여 만에 버림받았다. 왕은 아들을 낳아주지 못 하면서 권력욕이 대단한 왕비가 부담스러웠던 것이다.

결국 앤은 간통과 근친상간, 반역 혐의로 1536년 5월 19일 런던탑에서 참수됐다. 참수형을 앞두고 앤은 이런 말을 남겼다.

"내 목이 가늘어서 다행이다."

5월의
모든 역사

5월 20일

■
■
■

1875년 5월 20일
프랑스 파리에서 미터법 조약을 체결하다

"미터법에 맞추어 제품을 생산하면 세계 시장에서 미국의 경쟁력
이 더 높아질 것이다. 이것은 곧 미국 경제가 발전하고 고용이 늘어
난다는 것을 의미한다."

-제라드 이어넬리, 미국 상무부 국장

길이 · 넓이 · 부피 · 무게의 표준을 관습이나 법에 따라 정한 도량형度量衡은 나라마다 다르고 끊임없이 변해 왔다. 인류는 손이나 걸음걸이 등을 이용해 길이를 재거나 폭을 측정하였지만 사람마다 차이가 심했기 때문에 국가에서 세금을 거두어들이거나 성을 짓는 공사 등을 할 때면 어려움이 많이 발생했다. 그래서 도량형의 표준을 정하는 것이 필요해졌다.

중국 역사서인 『한서漢書』에 따르면 도량형은 전한前漢 시대부터 정리되었다. 이때 표준이 된 것은 황종관黃鐘管이었다. 당시 음의 높이는 황종 · 대려 · 태주 · 협종 등 12개의 12반음半音으로 나누어져 있었는데, 이 중 기본음인 황종음을 낼 수 있는 황종 율관을 만들어 도량형의 기준으로 삼은 것이다. 황종 율관의 길이는 9촌, 즉 90분으로 정해졌다. 그리고 황종 율관에 우물물을 넣었을 때의 양을 1약이라고 하였다.

우리나라에서도 일찍이 도량형이 사용되었지만, 표준이 정해진 것은 삼국시대로 추정되며 이때 중국의 도량형이 함께 사용된 것으로 보인다. 그리고 『악학궤범樂學軌範』에는 박연(朴堧 : 1378~1458)이 황종관을 만들어 우물물을 가득 채우고 이때의 물 무게를 88푼分으로 정했다는 구체적인 기록이 있다.

국제적인 도량형인 미터법을 발명한 나라는 프랑스이다. 프랑스에서도 세금을 거두어들이면서 도량형이 일정하지 않아 평민들은 언제나 불리한 위치에 있었다. 1789년 프랑스 혁명이 일어나자 혁명정부는 불만의 원인이 되는 도량형을 고쳐야겠다고 생각하였다. 이때 정치가 탈레랑(Talleyrand : 1754~1838)이 "미래에도 영원히 바뀌지 않는 것을 기초로 해서 만들자."는 제의를 하였다. 심각한 고민을 하던 정부는 1791년 프랑스 전국의 학자들을 모아 회의를 하게 하였다.

이 결과 지구의 북극에서 남극까지의 거리, 즉 자오선의 4,000만 분의 1을 단위로 삼기로 결정하였다. 프랑스는 자오선의 정확한 길이를 측정하고 이 길이의 4,000만 분의 1을 길이 1m로 정하였다.

그리고 1m가 되는 백금 막대를 만들어 미터원기로 하였다. 또한 물의 밀도를 측정하여 원기둥형 킬로그램원기를 만들었다. 여기서 원기原器란 측정량의 단위를 나타내는 표준이 되는 물체나 장치를 말한다.

그리고 1875년 5월 20일에 세계 각국의 대표가 프랑스 파리에서 모여 미터법 조약을 체결하였다. 이때서야 비로소 미터법에 따른 국제적인 도량형의 통일이 이루어진 것이다.

미국에서도 매년 10월 10일을 '미터법의 날'로 정하고 국민들에게 미터법 사용을 장려하고 있지만 여전히 파운드나 마일이라는 기준을 쓰고 있다.

2002년 5월 20일

동티모르, 신생 독립국으로 출범

2002년 5월 20일 0시, 프란시스코 구테레스(Francisco Guterres : 1954~) 동티모르 국회의장은 수도 딜리 인근 타시톨로 광장에서 코피 아난(Kofi Atta Annan : 1938~) 국제연합UN 사무총장 등 전 세계 80여 개국 지도자와 주민 20여 만 명이 참가한 가운데 동티모르의 독립을 선포했다. 21세기 최초의 신생 독립국이 탄생되는 순간이었다.

그리고 사나나 구스마오(Xanana Gusmao : 1946~) 대통령 당선자는 국회의장 앞에서 취임 선서문을 낭독, 1524년 포르투갈 식민지 편입

후 약 500여 년 동안의 외세 점령과 동족상잔의 비극적 역사에 종지부
를 찍었다.

인도네시아 옆에 있는 작은 섬 티모르는 16세기에 포르투갈에 점령
됐다. 서쪽 절반은 19세기에 네덜란드로 넘어가 훗날 인도네시아에 속
하게 되고 나머지 동쪽은 포르투갈령으로 남았다.

동티모르는 1975년 포르투갈 식민 지배에서 벗어나 자치정부를 수
립했으나, 1주일 만에 인도네시아군의 침략을 받아 27번째 주州로 편입
됐다. 그러나 1998년 수하르토(Suharto : 1921~2008) 정권이 붕괴하면서
인도네시아 정부가 통치 정책을 개선하였기 때문에 동티모르는 1999
년 8월 주민투표에서 독립을 가결하였다.

이후 UN은 평화유지군PKF 소속 군 병력 5,000여 명과 경찰 1,250명
을 주둔시켜 동티모르의 국경 수비와 치안 유지가 정착되도록 도와주
었고, 동티모르인은 신생국 건설을 준비해 왔다.

—

1983년 5월 20일

에이즈에 치명적인 HIV 바이러스 발견

—

"인간 사이에 수평 전염되는 이 바이러스는 에이즈AIDS 등 여러 병리학적
증후군들과 관련이 있는 것으로 보인다."

-『사이언스』

1983년 5월 20일, 프랑스 파스퇴르 연구소는 에이즈 증상으로 숨진
환자에게서 원인이 되는 바이러스를 분리했다고 미국 과학 잡지『사이

언스』에 발표했다. 이는 인간 면역 결핍 바이러스HIV를 최초로 분리해 낸 것으로 기록되었다.

당시 논문에는 HIV라는 명칭도 없고 이 바이러스가 에이즈를 일으킨 다는 증거도 내놓지 못했지만, 이 연구는 인류가 직면한 가장 큰 과제 중 하나인 에이즈 극복을 위한 첫 번째 실마리를 제공한 것으로 평가받 고 있다.

그리고 이듬해 4월 미국의 미생물학자 로버트 갈로(Robert Charles Gallo : 1937~)에 의해 HIV 바이러스가 치명적인 에이즈를 일으키는 바 이러스로 확인됐다.

당시 3,000명에도 미치지 못했던 에이즈 감염자 수는 30여 년이 지 난 현재 3,300만 명에 달해 1만 1,000배 이상 급증했다. 이는 제1차 세 계 대전의 사망자보다 많은 숫자다.

HIV 발견 이후 수많은 백신 개발 시도가 있었지만 아직까지도 뚜렷 한 효과를 거두지는 못했다. 에이즈의 진행을 늦추는 일부 치료제를 개 발한 것이 이제까지 얻어낸 유일한 진전이다.

그래서 아직 '에이즈 완전 퇴치'는 이루기 힘든 꿈으로 남아 있다.

___

1932년 5월 20일

미국의 아멜리아 에어하트, 여성 최초로 대서양 논스톱 횡단 비행에 성공

___

미국의 여성비행가 아멜리아 에어하트(Amelia Mary Earhart : 1897 ~1937)가 1932년 5월 20일 여성 최초로 미국 뉴펀들랜드에서 아일랜드까지 대서양을 가로질러 논스톱으로 횡단하는 비행에 성공했다.

비록 최종 목적지인 파리에 도착하지는 못했지만 그녀는 거센 바람과 연료탱크가 새는 등의 어려움을 겪으면서도 3,241km의 거리를 13시간 30분 만에 돌파했다.

1927년 5월 21일 미국의 우편항공기 조종사 찰스 린드버그(Charles Lindbergh : 1902~1974)가 세계 최초로 대서양 무착륙 단독 비행에 성공한 지 4년 만이었다.

에어하트는 1897년 미국 캔자스 주 애치슨에서 태어났다. 그녀는 제1차 세계 대전이 끝난 뒤 캐나다 토론토에서 곡예비행을 구경하고 난 후 비행기에 매료됐다. 대학교 2학년 여름방학 때 조종 방법을 배웠고, 몇 년 지나지 않아 비행 기록 500시간을 돌파할 정도로 비행에 열심이었다.

에어하트는 1928년 7월 3일에 이미 두 명의 조종사와 함께 대서양 횡단에 성공해 최초로 대서양을 횡단한 여성이 되었다. 그러나 이때 에어하트는 비행기를 직접 조종하지 못했고 승객으로 비행에 참여했다.

에어하트의 대서양 횡단 비행 성공으로 미국은 열광했다. 에어하트는 대서양 논스톱 횡단 비행에 성공한 지 석 달이 지나 로스앤젤레스에서 뉴욕까지 미국 대륙을 단독 횡단했고 1년 뒤에는 하와이에서 미국 본토까지 논스톱 비행했다.

하지만 1937년 7월 2일, 세계일주 비행에 도전한 에어하트의 비행기는 대서양을 건너 아프리카, 인도를 거쳐 뉴기니에서 하울랜드 섬으로 향하다 남태평양 상공에서 사라졌다.

미국 정부의 대대적인 수색에도 불구하고 비행기 잔해조차 찾을 수 없었다. 에어하트 실종 사건은 각종 추측만 난무한 채 아직까지도 미스

터리 사건으로 남아 있다.

* 1927년 5월 21일 '미국의 찰스 린드버그, 세계 최초로 대서양 횡단 비행에
성공' 참조

1873년 5월 20일

리바이 스트라우스, 청바지로 미국 특허를 받다

1830년대 미국 샌프란시스코에서는 금광이 발견되어 많은 이들이 금
을 캐기 위해 모여들었다. 주변 일대는 이른바 '천막촌'이 형성되었다.

1853년에 '리바이 스트라우스&컴퍼니'를 설립하고 의류도매업을 시
작한 리바이 스트라우스(Levi Strauss : 1829~1902)는 광부들의 바지가
쉽게 해어진다는 데에 착안하여 질긴 천막용 천으로 바지를 만들었는
데, 이 바지를 미국의 농부나 목동 들이 작업복으로 즐겨 입게 되었다.
이것이 청바지의 시초다.

1872년에 재단사 제이콥 데이비스(Jacob Davis : 1834~1908)는 이 바
지의 주머니 부분을 강화하기 위해서 리벳rivet을 박아 더욱 튼튼하게
만들었다. 그리고 1873년 5월 20일 그들은 이 청바지로 미국 특허를
받았다.

질기고 튼튼한 청바지는 1930년대부터 일반인에게까지 실용성을 인
정받아 널리 보급되었고, 미국 서부 영화의 주인공이 청바지를 입고 나
오면서부터 본격적으로 유행이 되었다. 제2차 세계 대전 중에는 정부
의 명령으로 미군에게 청바지가 공급될 정도였다.

그 후 텔레비전과 영화 등을 통해 반항적인 이미지가 연출되면서 젊은 층의 열렬한 호응을 얻기 시작하였고, 1970년대 들어오면서 휴양복, 작업복으로 널리 이용되었다. 요즘은 일상복으로도 청바지를 즐겨 입는다.

1978년 5월 20일

일본, 나리타 국제공항 개항

1978년 5월 20일 일본의 관문, 나리타 국제공항이 개항하였다. 나리타 공항은 건설 초기부터 소음 공해를 우려한 인근 주민들의 격렬한 반대에 부딪혀 개항이 당초 예정보다 늦게 이뤄졌다.

원래 두 달 전에 개항하기로 예정돼 있었지만 주민들이 관제탑에 난입해 기기를 부순 사건 때문에 뒤로 미뤄진 것이었다.

신도쿄 국제공항이라고도 불리는 나리타 공항은 도쿄 도심에서 동쪽으로 약 60km 지점에 위치하고 있으며, 국내선 전용으로 사용 중인 하네다 공항의 수용 능력이 초과됨에 따라 차선책으로 만든 것이었다.

나리타 공항은 철저한 보안 검색으로 유명하며, 2011년 기준으로 국내외 총 98개 도시로 취항하고 있다.

5월의
모든 역사

5월 21일

.
.
.

1871년 5월 21일

프랑스 제3공화정, 파리코뮌을 진압하다

깨어라, 노동자의 군대
굴레를 벗어 던져라
정의는 분화구의 불길처럼 힘차게 타온다
대지의 저주받은 땅에 새 세계를 펼칠 때
어떠한 낡은 쇠사슬도 우리를 막지 못해

들어라 최후 결전 투쟁의 외침을
민중이여 해방의 깃발 아래 서자
역사의 참된 주인 승리를 위하여
인터내셔널 깃발 아래 전진 또 전진

-「세계 노동자의 노래」

프랑스의 샤를 루이 나폴레옹 보나파르트(Charles Louis Napoleon Bonaparte : 1808~1873)가 프로이센과의 전쟁에서 항복함으로써 제3공화정이 탄생하였다. 그리고 1871년 2월 소집된 국민의회가 정권을 장악하였다.

하지만 파리는 그들의 통치 밖이었다. 프로이센과의 전쟁 때 결성된 파리 국민방위군 때문이었다. 이에 아돌프 티에르(Marie Joseph Louis Adolphe Thiers : 1797~1877)를 행정수반으로 하는 정부는 질서 유지를 위해 파리 국민방위군을 무장 해제시키기로 결정했다.

하지만 이 같은 조치가 오히려 시민들의 거센 저항을 불러왔고 이후 3월 28일 파리 시민들은 세계 최초의 노동자 자치정부인 파리코뮌을 발족시켜 프로이센에 굴복한 정부를 향해 분노를 표출시켰다. 노동자 · 학자 · 저널리스트 등 다양한 계층으로 구성된 코뮌 의원은 친親프로이센 · 부르주아 정부에 철저한 항전을 선언했다.

파리코뮌은 혁신적인 정책을 과감히 실시했다. 10시간 노동, 제빵공의 야근 철폐, 여성 참정권의 실현, 종교와 정치의 분리 등을 시행했고 달력도 프랑스 혁명력을 이용했다. 그러면서도 한편에서는 파리 대주교를 살해하는 등 보수 세력에 대한 과격한 투쟁도 서슴지 않아 곳곳에서 유혈이 낭자했다.

그러나 프로이센을 등에 업은 정부군은 호시탐탐 파리 재탈환을 노렸다. 프로이센군이 석방한 프랑스 전쟁포로들로 병력을 늘려 파리를 에워쌌다. 그리고 5월 21일 정부군은 서쪽 문에 수비가 없다는 스파이의 신호를 받고 이 일대에 병력을 집중시켰다. 밤이 되자 파트리스 드 마크마옹(Patrice de MacMahon : 1808~1893)이 이끄는 정부군이 시내에 들이닥쳤다.

파리 시민들은 거리마다 바리케이드를 치고 튈르리궁·오르세궁 등을 불태우면서 정부군에 대항하였지만 역부족이었다. 결국 5월 28일, 코뮌의 항쟁은 1주일 만에 진압되었다.

정부군의 보복은 끔찍했다. '피의 1주일' 7일간의 기간에 적게는 1만 명에서 많게는 5만 명 정도로 추산되는 파리 시민들이 학살당했다. 그리고 4만여 명의 시민이 베르사유의 임시감옥으로 이송됐으며, 일부는 프랑스 식민지인 누벨칼레도니로 종신 유배되기도 했다. 이후 파리는 1977년까지 프랑스에서 유일하게 시장을 두지 않았다.

이 사건을 두고 사회주의자들은 최초의 사회주의 혁명이라며 치켜세웠지만, 우파들은 난동의 온상이라며 비난했다. 파리코뮌은 비록 실패했지만 이후 사회주의와 공산주의 운동에 큰 영향을 주었다. 동시대를 살았던 칼 마르크스(Karl Heinrich Marx : 1818~1883)는 "자본가 계급과 그들의 국가에 대한 노동자 계급의 투쟁은 파리의 투쟁을 통해 새로운 단계에 들어섰다."고 평가했다. 또한 블라디미르 레닌(Vladimir Il'ich Lenin : 1870~1924)은 파리코뮌을 "세계 역사상 최초로 벌어진 노동 계급의 사회주의 혁명 예행 연습"이라고 규정했다.

파리코뮌이 남긴 유산은 하나 더 있다. 외젠 포티에(Eugene Edine Pottier : 1816~1887)가 가사를 붙이고 피에르 드제이테(Pierre Degeyter : 1848~1932)가 작곡한 세계 노동자의 노래 「인터내셔널」이 만들어진 것이다. 이 노래는 이후 전 세계 노동자들이 어깨를 걸고 부르는 혁명의 노래가 됐다.

—

1927년 5월 21일

미국의 찰스 린드버그,
세계 최초로 대서양 횡단 비행에 성공

—

1927년 5월 20일, 25세의 미국 우편항공기 조종사 찰스 린드버그 (Charles Lindbergh : 1902~1974)가 '스피릿 오브 세인트루이스Spirit of St. Louis'를 타고 미국 뉴욕 롱아일랜드의 루스벨트 비행장을 힘차게 날아올랐다. 그리고 그는 뉴욕을 출발한 지 33시간 32분 만에 프랑스 파리에 도착함으로써 처음으로 대서양을 횡단 비행하는 데 성공했다.

그가 비행에 나선 것은 8년 전 뉴욕의 한 호텔 경영자가 뉴욕과 파리 간을 논스톱으로 비행한 사람에게 2만 5,000달러의 상금을 주겠다고 발표한 것이 계기가 됐다. 그 실업가는 1919년 6월 아일랜드의 올콕과 브라운이 대서양 논스톱 비행에 성공했지만 이들이 미국과 유럽 사이의 가장 가까운 코스를 횡단한 것이 아쉬워 거금을 상금으로 내걸었다. 당대 최고의 조종사들이 이 모험에 뛰어들었지만 비행 중 목숨을 잃거나 시험비행에서 탈락했다.

무명의 린드버그도 세인트루이스 출신의 실업가로부터 자금을 지원받고 비행기도 직접 설계하며 꿈을 키웠다. 성패의 관건은 연료를 얼마나 많이 싣느냐에 달려 있다는 것을 린드버그는 꿰뚫고 있었다. 그래서 그는 조종석을 줄였고, 조명탄과 낙하산도 싣지 않았다. 덕분에 1,703ℓ나 되는 기름을 더 실을 수 있었다.

하늘로 치솟은 린드버그는 뉴펀들랜드까지 올라간 다음 동쪽으로 방향을 틀었다. 졸음과 피로가 몰려왔지만 날고 또 날았다. 그리고 마침내 5월 21일 밤, 파리의 에펠탑이 그의 눈에 들어왔다. 세계 최초로 대서양 무착륙 단독 비행에 성공함으로써 새로운 영웅이 탄생하는 순간이었다.

린드버그는 항공사에 획을 그은 이 비행으로 국민적 영웅으로 떠올랐다.

—

1938년 5월 21일

일본, 30명이 살해된 쓰야마 사건 발생

—

1938년 5월 21일 일본 오카야마 현 쓰야마 시에서 자살한 범인 자신을 포함하여 31명이 사망하고 3명이 중경상을 입은 전대미문의 살인 사건이 일어났다. 범인은 21세의 도이 무쓰오(都井睦雄 : 1917~1938)였다. 그래서 범인의 이름을 따서 이 사건을 도이 무쓰오 사건이라고 부르기도 한다.

도이 무쓰오는 1917년 일본 오카야마 현의 유복한 가정에서 태어났다. 그러나 부모는 그가 어릴 때 폐결핵으로 죽었고, 그와 그의 누나는 할머니의 손에 길러졌다. 원래 그는 외향적인 성격이었으나 1934년에 누나가 결혼하게 되자 은둔형 외톨이가 되어버렸다.

그는 1938년 5월 20일 저녁에 전기선을 잘라 마을을 어둠에 빠뜨렸다. 그리고 21일 새벽 1시 30분, 그는 도끼로 자고 있는 자신의 할머니의 목을 잘랐다. 그는 두 개의 전기등을 머리에 두르고 '밤놀이'(몰래 이웃집에 들어가 성관계를 하는 것)를 하듯이 이웃집을 찾아다니며 살인을 시작했다. 그렇게 그는 2시간 동안 30명을 죽이고 3명에게 심각한 부상을 입했다. 당시 그는 브라우닝 샷건, 일본도, 도끼를 무기로 사용했다.

그가 살았던 마을은 작았기에 이 사건으로 인해 마을 사람의 절반 가까이가 죽었다. 그리고 곧 그도 자신의 가슴에 총을 쏴 자살했다.

도이 무쓰오가 죽은 후 그가 쓴 노트가 발견되었는데, 거기에는 그의 범행 이유를 추정할 수 있는 기록이 적혀 있었다.

'이웃에 사는 어린 여자아이에게 성관계를 거절당했다. 나는 지금 결핵을 앓고 있다.'

1998년 5월 21일

수하르토 인도네시아 대통령 사임 발표

1998년 5월 21일 인도네시아의 수하르토(Suharto : 1921~2008) 대통령이 전격적으로 사임을 발표하였다. 인도네시아 국민들의 전국적인 민주화 요구에 밀려 대통령직에서 물러나게 된 것이다.

당시 국회의사당을 점거하고 농성 중이던 대학생들은 일제히 환호성을 지르며 수하르토 대통령의 하야를 환영했다.

수하르토는 1968년 3월, 인도네시아의 제2대 대통령으로 취임한 이래 7번의 재선을 통해 32년 동안 인도네시아를 철권통치로 휘둘렀다.

그는 재임 기간에 군의 힘으로 국내 질서를 유지하고 일본, 미국 등 선진국과 협조해 경제개발을 추진했다. 그러나 한편으로는 정재계 전면에 가족을 내세워 권력을 남용하고 엄청난 부를 축적함으로써 비판을 받아 왔다.

한편 수하르토의 사임 후 바하루딘 유숩 하비비(Bacharuddin Jusuf Habibie : 1936~) 부통령이 대통령직을 승계했다.

* **1998년 5월 12일 '인도네시아의 자카르타, 유혈 시위 발생' 참조**

1991년 5월 21일

에티오피아의 멩기스투 대통령, 짐바브웨로 망명

에디오피아를 17년간 철권통치해 온 멩기스투 하일레 마리암(Mengistu Haile Mariam : 1937~) 대통령이 1991년 5월 21일 짐바브웨로 망명하였다.

멩기스투는 1937년 에티오피아 남부의 궁핍한 가정에서 태어났다. 그는 홀레타 육군사관학교를 졸업한 후, 아디스아바바의 육군 부대에서 근무했다.

1974년 9월, 임시 군사 행정 평의회의 제1부의장이 되어 실질적으로 쿠데타를 지휘해 에티오피아 황제를 폐위시키고 공화제가 실시되도록 하였다.

이후 1977년 임시 군사 행정 평의회의 의장에 오른 멩기스투는 사회주의 군사 독재 정권을 성립시켰다. 1987년 9월에는 에티오피아 초대 대통령으로 선출되었다.

하지만 멩기스투 역시 반정부 세력인 에티오피아 인민 혁명 전선의 군사 공세로 인해 1991년 5월 짐바브웨로 망명하였다. 멩기스투는 현재까지도 짐바브웨에서 망명 생활을 하고 있다.

5월의
모든 역사

5월 22일

■
·
·
■

1455년 5월 22일

영국의 랭커스터 왕가와 요크 왕가, 장미 전쟁을 시작하다

장미 전쟁은 잉글랜드 왕권을 놓고 랭커스터가家와 요크가家가 싸운 전쟁으로, 랭커스터가가 붉은 장미, 요크가가 흰 장미를 각각 문장紋章으로 삼은 것에서 이름이 유래하였다.

영국의 랭커스터 가문과 요크 가문은 에드워드 3세(Edward Ⅲ : 1312~1377) 아들들의 후손이라는 이유로 서로 왕위를 주장했다.

1399년부터는 랭커스터 가문에서 왕위를 차지하고 있었다. 하지만 1422년 헨리 5세(Henry Ⅴ : 1387~1422)가 죽자, 생후 9개월 된 헨리 6세(Henry Ⅵ : 1421~1471)가 왕으로 즉위하였다.

더군다나 헨리 6세가 정신 이상 증세를 보이자 요크 가문의 워릭(Warwick : 1502~1553) 백작은 리처드 네빌(Richard Neville : 1428~1471)을 섭정으로 세웠다. 그러나 다시 헨리 6세가 건강을 회복하자, 요크 일가는 자기 방어를 위해 전쟁을 획책했다.

그리고 마침내 1455년 5월 22일 영국의 랭커스터 왕가와 요크 왕가 간에 왕권을 둘러싸고 벌인 장미 전쟁의 첫 전투가 세인트올번스에서 시작되었다. 1460년 요크 가문의 리처드가 웨이크필드에서 전사하여 장남 에드워드가 그 뒤를 이었다.

1461년 에드워드는 랭커스터 일가를 타우턴 전투에서 격파하였다. 에드워드는 이 싸움 직전에 즉위하여 에드워드 4세(Edward Ⅳ : 1442~1483)라 칭하고, 랭커스터 일가 사람들을 반역죄로 몰아 영지를 몰수하고 헨리 6세를 체포하여 투옥하였다.

하지만 그 후 에드워드 4세 옹립에 큰 공이 있었던 워릭 백작이 반란을 일으켜 1470년 에드워드 4세를 국외로 추방하고 헨리 6세를 구출했다.

에드워드 4세는 다시 세력을 회복, 귀국하여 1471년 바닛 전투에서 워릭 백작을 패사敗死시켰다. 그 결과 헨리 6세는 다시 붙잡혀서 살해되고 랭커스터 왕조는 멸망하였다.

에드워드 4세는 중앙집권화를 추진하고 될 수 있는 대로 의회를 열지 않았으며, 중상주의 정책을 채용하여 절대왕정의 경향을 나타냈다. 에드워드 4세가 1483년에 사망한 후, 그 뒤를 이어 에드워드 5세(Edward V : 1470~1483)가 즉위하였으나 왕통이 확립되지 못하였다. 이에 에드워드 4세의 동생 리처드가 스스로 리처드 3세(Richard Ⅲ : 1452~1485)라 칭한 후 에드워드 5세를 투옥하고 살해하였다.

이 무렵 대륙에 망명해 있던 랭커스터 가문의 리치먼드 백작 헨리 튜더는 1485년 웨일스에 상륙하여 보즈워스 전투에서 리처드 3세를 패사시켜 30년에 걸친 장미 전쟁은 끝났다.

헨리는 즉위하여 헨리 7세(Henry Ⅶ : 1457~1509)라 칭하고 왕위에 오름으로써 강력한 튜더 왕가 정부가 탄생했다.

1819년 5월 22일

미국 증기선 사바나호, 첫 대서양 횡단 항해 시작

1819년 5월 22일, 미국 조지아 주 사바나 항구에서는 도시 이름을 딴 320t짜리 목조선 사바나호가 닻을 올렸다. 증기기관을 단 선박으로는 최초로 대서양 항해에 나선 것이었다. 목적지는 영국 리버풀이었다.

사바나호의 당초 설계는 쾌속 범선이었지만, 건조 도중 탈착이 가능한 90마력짜리 증기엔진 두 대를 설치하고 배의 양쪽에 외륜을 달았다. 그리고 1818년 8월 진수돼 연안과 하천에서 시범 운항을 마쳤다.

사바나호는 제임스 먼로(James Monroe : 1758~1831) 대통령의 격려 속에 대서양 횡단을 기획했으나 처음부터 난관에 부딪쳤다. 승객은 물론 선원조차 소음과 검은 석탄에서 나오는 그을음을 기피한 탓이다.

결국 승객도 태우지 못한 채 출항한 사바나호는 29일 11시간 만에 목적지에 닿았다. 항해 중 80시간이나 계속해서 증기 엔진을 돌리는 바람에 근처를 지나던 범선들이 사바나호에 화재가 발생한 것으로 생각하고 구조하려고 접근하는 촌극도 있었다.

영국은 사바나호의 등장으로 초긴장 상태에 빠졌다. 1812년 미영 전쟁의 앙금이 남은 미국 정부가 세인트헬레나 섬에 유배돼 있는 나폴레옹을 탈출시키기 위해 쾌속 증기선을 동원했다는 낭설이 퍼졌기 때문이었다.

소문을 뒤로 하고 영국을 떠난 사바나호는 스웨덴과 러시아, 노르웨이와 핀란드를 거쳐 미국으로 돌아왔다. 러시아를 방문했을 때는 차르로부터 건조 비용의 2.6배가 넘는 10만 달러에 팔라는 제의까지 받았다.

성공적인 항해와 달리 사바나호는 불운을 맞았다. 대화재와 불황이 겹쳐 증기 엔진은 제철소에 팔려나가고 헐값에 매각된 선박 자체도 1821년 암초를 만나 좌초하고 말았다.

사바나호는 짧은 생을 마쳤으나 역사에 두 가지를 남겼다. 미국 의회는 1933년 사바나호의 출항을 기념해 5월 22일을 해운의 날로 정했으며, 1962년에 등장한 세계 최초의 원자력 상선에도 '사바나호'라는 이름을 붙인 것이다.

2004년 5월 22일

시크교도 만모한 싱, 인도 총리 취임

"우리가 종교의 이름으로 갈라지지 맙시다. 우리는 평화적 분위기를 조성
해야 합니다."

-만모한 싱

2004년 5월 22일, 만모한 싱(Manmohan Singh : 1932~)이 시크교도 출
신으로는 처음으로 인도 총리에 취임하였다. 그는 힌두교도와 시크교
도 사이에 벌이는 분쟁 대신에 평화를 요구했다.

그가 총리가 될 수 있었던 것이 힌두교도인 소냐 간디(Sonia Gandhi :
1946~)가 총리직을 포기했기 때문이다.

만모한 싱은 1932년 인도 펀자브 지방의 시크교 집안에서 태어났다.
그는 펀자브 대학교와 영국 케임브리지 대학교에서 경제학을 전공했으
며, 옥스퍼드 대학교에서 박사 학위를 받았다. 그는 인도 준비 은행 총
재를 거쳐 1991년부터 1996년까지 재무 장관을 지냈다.

2004년 총선에서 국민회의당이 주도한 연합정당이 승리하자, 국민회
의당 당수인 소냐 간디는 본인 대신 싱을 총리로 지명하였다. 그의 취임
으로 시크교도와 힌두교도의 오랜 원한이 사라질 계기가 마련되었다.

싱은 총리가 된 후 경제학자 출신답게 경제 문제 해결에 적극적으로
노력하고 있으며, 국제 정치에도 활발히 참여하며 새로운 대국으로서
의 인도 위상 강화에 나서고 있다.

—

1990년 5월 22일

남 · 북 예멘 통일

—

예멘은 오스만 제국의 지배 아래 있다가 1839년 영국에 점령 당하였다. 제1차 세계 대전이 끝나자 영국은 예멘을 남북으로 나누어 북예멘만 독립시켰다. 남예멘은 1967년 영국의 통치에서 벗어나 공산 정권을 수립하여, 자본주의 정권의 북예멘과 대립하였다.

그러나 1981년 12월 2일 남북 예멘은 협력 및 조정에 관한 아덴 협정을 체결하여 통일의 기초를 닦았다. 그리고 9년 뒤인 1990년 5월 22일 공산권인 남측의 예멘 인민 민주 공화국과 시장 경제권인 북측의 예멘 아랍 공화국이 통합하여 예멘 공화국이라는 이름으로 하나가 되었다.

그러나 상대적으로 군사력과 경제력이 앞선 북예멘은 후진국인 남예멘의 식수와 식량 문제 등을 해결하기 위해 노력했지만 역부족이었다. 결국 예멘 공화국은 정치적인 혼란과 경제력 약화로 통일을 이룬 지 4년 만에 남북 군대 간의 무력 충돌이 일어났고 남측이 분리 독립을 선언함으로써 다시 나누어졌다.

하지만 내전은 두 달 만에 북측의 승리로 끝남으로써 1994년 7월 남 · 북 예멘은 다시 통일되었다.

2010년 5월 22일

미국의 조던 로메로,
13세의 나이로 에베레스트 산 최연소 등정 성공

"엄마! 저는 세상 꼭대기에 있어요."

-조던 로메로

2010년 5월 22일 미국의 13세 소년 조던 로메로(Jordan Romero : 1996~)가 최연소 에베레스트 산 등정 기록을 갈아치웠다. 기존의 에베레스트 산 최연소 등정 기록은 2001년 네팔의 템바 체리(Temba Tsheri : 1986~)가 갖고 있던 16세였다.

조던은 1996년 미국 캘리포니아에서 태어났다. 그는 어렸을 때부터 학교 복도에 걸려 있던 세계 7대륙 최고봉의 그림에 영감을 받아 도전을 시작하였다. 9세 때 아프리카 킬리만자로 산 정상 도전에 성공했다.

조던은 아버지와 아버지의 여자친구, 셰르파 3명과 함께 에베레스트의 중국 측 베이스캠프를 출발하여 마침내 에베레스트 정상을 밟았다. 조던은 정상에 '행운의 토끼 발'을 남겨 놓았으며 인근 사원의 승려가 선물로 준 씨앗을 심었다.

한편 조던은 2011년 12월 24일, 남극에 있는 4,987m 높이의 빈슨 매시프에 등정함으로써 6년 만에 7대륙 최고봉을 오르는 데 성공했다.

1990년 5월 22일

일리에스쿠, 루마니아 대통령에 당선

1990년 5월 22일 루마니아에서 53년 만에 실시된 자유선거에서 이온 일리에스쿠(Ion Iliescu : 1930~)가 승리해 대통령으로 당선됐다. 그는 동구 자유선거 사상 공산당 전력에도 불구하고 승리한 최초의 대통령이 되었다.

루마니아의 독재자 니콜라에 차우셰스쿠(Nicolae Ceausescu : 1918~1989) 집권 당시 정보 선전 담당 당서기를 지낸 바 있는 일리에스쿠가 대통령에 당선된 것은 혁명 이후의 과도기를 어렵게 이끌어 온 경험을 인정받았기 때문이었다.

또한 1989년 12월 차우셰스쿠가 타도된 직후 임시정부격인 구국위원회 의장을 역임하면서 그의 지도력을 국민들이 신뢰하였다.

그러나 일리에스쿠는 1996년 선거에서 패배하여 권좌에서 물러난 후 1997년에는 1989년의 유혈 반공 민주화 봉기 기간 중 군에 발포를 요청한 혐의로 군사재판에 회부되기도 하였다.

5월의
모든 역사

5월 23일

1701년 5월 23일

영국의 해적 윌리엄 키드, 교수형을 당하다

"나는 서인도 제도에서 100만 파운드에 이르는 보물을 손에 넣었다. 교수형을 면해 준다면 그 보물을 정부에 바칠 생각이다. 보물이 숨겨진 장소로 갈 배를 마련하고 그 갑판 위에 감옥을 만들어 나를 감금하면 될 것이다. 내가 약속을 지키지 않으면 그 자리에서 처형하면 될 것 아닌가."

-윌리엄 키드

영국의 전설적인 해적 윌리엄 키드(William Kidd : 1645~1701)에 대해 전설과 같은 이야기가 전해지고 있다. 그는 당시 영국의 식민지인 북아메리카 뉴잉글랜드로 가서 뉴욕에서 선장 노릇을 했다. 이곳에서 그는 부자로 살면서 사랑하는 가족과 행복하게 살았다. 교회에도 열심히 나갔다. 1689년부터는 영국 해군을 위해 일을 하기도 했다.

그런데 자기가 살고 있는 뉴욕에 근무하던 영국 총독이 부정한 짓을 하자 정부에 호소하기 위해 영국으로 갔다. 해적이 판을 치던 시기에 군대의 호위도 없이 용감히 대서양을 건너온 키드를 보자 영국 정부는 그를 해적 잡는 사람으로 공식 임명했다.

임명장을 받고 돌아온 키드는 1696년 영국을 떠나 인도양으로 갔다. 그리고 1년 뒤 아프리카 대륙 동남쪽에 있는 마다가스카르 섬에 도착하였다. 키드는 해적을 찾아 나섰지만 단 한 명의 해적도 잡지 못했다. 왜냐하면 모두가 해적이었기 때문이다. 가끔 해적을 잡겠다고 오는 사람이 있었지만 그들은 웃고 넘겨버렸다.

결국 해적의 꽁무니만 쫓아다니다가 지쳐버린 키드는 역할 변신을 하였다. 자기가 해적이 되어 버린 것이다. 영국 정부로부터 해적질을 해도 된다는 허가도 받았다. 단, 조건은 프랑스 선박만을 상대로 해적질을 한다는 것이었다. 그런데 그만 영국 배를 습격하였다.

키드는 그 배가 프랑스로부터 받은 안전통행권을 가지고 있어서 습격했다고 변명했다. 하지만 그의 주장은 통하지 않았다. 키드의 해적 토벌을 후원한 휘그당과 휘그당을 흠집 내려는 토리당의 싸움 때문이었다.

키드는 재판을 받았지만 재판의 결과는 이미 결정 나 있었다. 키드는 정치적 희생양이 되어 1701년 5월 23일 교수형에 처해졌다.

1498년 5월 23일

이탈리아의 종교개혁가 사보나롤라 화형

이탈리아의 종교개혁가 지롤라모 사보나롤라(Girolamo Savonarola : 1452~1498)는 1452년 페라라에서 태어나 1491년 산마르코 수도원 원장이 되었다. 그는 카리스마가 있는 수도사였으며 설교자였고 도미니크 수도회의 급진 개혁자였다.

사보나롤라는 1497년 메디치 가문이 몰락한 피렌체에 프랑스의 샤를 8세(Charles Ⅷ : 1470~1498)가 진군해 오자 그를 만나 피렌체를 전쟁의 소용돌이에서 비껴가게 했다. 불안해 하던 피렌체 시민은 그를 환호했고 추앙했다.

피렌체에서 메디치 가문이 추방되고 공화정이 선포되자 사보나롤라의 영향력은 더욱 커져 갔고 급기야 공화제는 신권 정치적 독재로 변화됐다. 시민들은 사생활 침해에도, 경찰의 빈번한 감시에도 그를 신뢰했고 메디치 가문을 대신할 정신적 지도자로 받들었다.

그가 설교하면 성당은 사람들로 붐볐고, 그의 영향력은 철학자와 문인들, 보티첼리(Sandro Botticelli : 1445?~1510)와 미켈란젤로(Michelangelo Buonarroti : 1475~1564) 같은 예술가들, 유력자 등 지식 계급으로까지 확대됐다.

그는 로마가 부패했다며 공공연히 교황 알렉산더 6세(Pope Alexander Ⅵ : 1431~1503)를 비난했고 사람들에게 종말론적인 불안감을 심어주었다. 시민들은 사보나롤라의 금욕적인 가르침에 축제도 포기했고 사치품도 불태웠다. 위선적인 맹신과 순종만이 피렌체를 뒤덮었다. 이에 그

의 혹독한 광신주의를 혐오한 교황은 그에게 설교 금지령과 파문 처분
을 내렸지만 사보나롤라는 반발했다.

　그러던 중 지나치게 엄격한 그의 통치에 내심 흔들리고 있던 시민들
의 마음이 돌변하는 계기가 찾아왔다. 그를 경계하던 반反사보나롤라파
가 불 속에 뛰어들어 신앙심을 가리자는 제안을 했고, 사보나롤라는 제
대로 이행하지 않았던 것이다.

　이후 군중들은 사보나롤라를 불신하기 시작했다. 결국 사보나롤라는
체포돼 사형 선고를 받고 1498년 5월 23일 화형에 처해졌다.

1949년 5월 23일
독일 연방 공화국 수립

　제2차 세계 대전이 끝나고 독일은 미국 · 영국 · 프랑스가 점령한 서
쪽과 소련이 점령한 동쪽 지역으로 나뉘게 되었다. 동서 냉전 시대에
접어들면서 독일의 동서 분할 점령은 분단으로 이어졌으며, 1948년 영
국에서 서방 6개국이 모여 서독 정부를 수립하기로 하였다.

　같은 해 9월부터 헌법 제정 의회가 독일이 통일될 때까지만 유효한
독일 연방 공화국 기본법을 만들기 시작해 1949년 5월 8일 채택하였다.
그리고 5월 23일 그 법이 공포됨으로써 본을 잠정 수도로 하는 독일 연
방 공화국이 수립됐다. 이로써 동서 분열 체제가 확립되기 시작했다.

　한편 8월 1일 서독에서는 최초의 연방 의회 선거가 행해져 9월에 헌
법 제정 의회 의장을 맡은 기독교 민주 동맹의 콘라트 아데나워(Konrad
Adenauer : 1876~1967)를 수상으로 하는 연립 내각이 성립됐다. 대통령

에는 호이스(Theodor Heuss : 1884~1963)가 선출됐다.

—

1992년 5월 23일

이탈리아 마피아 소탕에 앞장섰던 팔코네 판사, 폭탄 테러로 사망

—

이탈리아의 범죄 조직인 마피아를 붕괴시키기 위해 이탈리아 정부는 1992년 반反마피아 법안을 통과시켰다. 정부에 정보를 제공하는 마피아 단원에게 특혜를 준다는 내용이었다.

정부의 노력으로 콜레오네 마피아의 보스인 토로 리나를 체포할 수 있었다. 하지만 토로 리나가 체포된 직후 반마피아 정책의 상징이었던 지오바니 팔코네(Giovanni Falcone : 1939~1992) 판사가 1992년 5월 23일 방탄차 안에서 사망했다. 마피아가 도로에 설치한 폭탄이 터져 버렸기 때문이었다.

이후 이탈리아 정부는 마피아와의 전쟁을 선포하고 세력 소탕에 돌입하기도 하였다. 하지만 마피아는 여전히 강력한 물리력과 권력을 지니고 있다.

—

1978년 5월 23일

국제연합, 제1차 군축 특별 총회 개최

—

국제연합UN은 1946년 총회에서 군비 축소에 대해 언급하기 시작하였지만 자본주의 국가와 공산주의 국가의 이념 대결 때문에 쉽지 않았다.

하지만 1970년대부터 냉전이 약화되기 시작하자 UN은 군비축소 문제를 적극적으로 다루기 시작했다.

그 결과 1978년 5월 23일 UN 총회에서 제1차 군축 특별 총회를 개최하게 되었다. 그리고 마침내 UN에 군축 담당 기구가 설치되었다.

5월의
모든 역사

5월 24일

1843년 5월 24일

프랑스의 보타, 아시리아의 유적을 발견하다

"우리 마을에는 당신이 찾고 있는 벽돌이 얼마든지 있습니다."
모술에 있던 보타는 이 말을 듣고 당장 코르사바드로 달려갔다. 그
곳을 몇 시간 동안 삽으로 파자 전혀 본 적이 없는 물건들이 모습을
드러냈다. 니네베가 아니더라도 아시리아 제국의 궁성 하나를 발견
한 것은 틀림없었다.

프랑스의 고고학자 보타(Paul-Emile Botta : 1802~1870)가 1843년 5월 24일 신화와 성경 속에 숨어있던 아시리아의 유적을 최초로 발견하였다. 보타가 발굴한 곳은 고대 아시리아의 수도인 니네베 근처의 여름 궁전이었다. 그리고 보타의 도움을 받은 영국의 고고학자 레이어드(Austen Henry Layard : 1817~894)는 1845년 니네베 유적을 발굴하여 잊힌 대제국의 역사를 세상에 알렸다.

그리고 1853년 레이어드의 조수 라삼(Hormuzd Rassam : 1826~1910)은 세계에서 가장 오래된 서사시인 『길가메시Gilgamesh』를 발굴하였다. 이 서사시를 통해 이집트와 성경 이전의 세계가 드러났으며, 한때 신학자들 사이에 큰 논쟁이 벌어지기도 하였다.

『길가메시』는 아시리아 이전 고대 바빌로니아의 서사시로 기원전 2000년 무렵에 만들어진 세계에서 가장 오래된 서사시이다. 12장의 점토판에 약 3,600여 행으로 기록되어 있으며, 현재까지 절반쯤 남아 있다.

아시리아의 왕들은 전승이나 사적을 기록으로 남겼으며, 연대기年代記도 편찬하였다. 『길가메시』는 아슈르바니팔(Ashurbanipal : B.C. 668~B.C. 627) 왕이 지은 도서관과 수도 니네베의 나부 사원 유적에서 나온 것이다. 주인공 길가메시는 수메르와 바빌로니아 등 고대 동양 여러 민족 사이에 알려진 전설적 영웅으로, 기원전 2600년 전 우루크Uruk의 왕으로 추정되고 있다. 1862년 영국의 조지 스미스가 이 서판의 내용을 공개하여 세상에 알려졌다.

기원전 7세기 초 아시리아는 메소포타미아 지역과 시리아와 이집트에 걸친 대제국을 이루었다. 1932년 영국의 고고학자 맥스 말로완(Max Edgar Lucien Mallowan : 1904~1978)경이 니네베 지역의 지층을 조사하

다가 기원전 5000년경에 인류가 거주했던 흔적을 발굴하면서 아시리
아 제국 시대가 밝혀졌다.

당시 메소포타미아 지역을 장악하고 있던 세력은 수메르, 아카드 세
력이었다. 이 중 기원전 3000년경부터 메소포타미아 발전을 선도했던
수메르 문화의 영향을 받아 중심 도시 아수르가 건설되었고, 이곳을 중
심으로 수메르와 셈족 계통의 아카드인이 세력을 확장하고자 정복 활
동을 시작했다.

당시 아시리아는 수바르Subar라고 불렸으며, 셈족 계통은 아니었다.
그러나 수메르, 아카드와 지속적으로 접촉하며 언어, 풍습, 신앙 등이
셈족화하였으며, 오랜 기간 동안 양 강대국의 침입을 받으며 강건하고
용감한 민족성을 지니게 되었다.

수메르가 멸망기에 접어든 기원전 2000년대 초 무렵의 출토품에 쓰
인 아시리아어가 아카드어 혹은 수메르어와 전혀 다른 것으로 미루어
보아, 이 시기를 전후하여 아시리아가 독자적인 세력권을 형성하고 있
었음을 유추할 수 있다.

아시리아를 처음 정치적으로 통일하고 북방의 강국을 건설한 사람은
기원전 19세기 말에 나타난 암무르인 출신의 샴시 아다드 1세(Shamshi
Adad I : B.C. 1808~B.C. 1776)였다. 그는 아수르 시市를 정복하는 것을 시
작으로 하여 왕국을 건설하기 시작했으며, 아들 이슈메 다간에게 에칼
라툼 시를 통치하도록 하며 무역 활동을 지속했다. 이어서 유프라테스
강 유역의 마리 왕국을 점령하여 아들 야스마 아다드에게 통치하도록
했다.

샴시 아다드 1세는 북부 메소포타미아를 모두 정복했고, 아들 이슈
메 다간에게 왕위를 물려주었다. 그러나 아들들과의 분쟁으로 속국이

었던 마리 왕국이 분열되어 나갔으며, 마리 왕국이 바빌론의 함무라비와 동맹하여 왕국을 정복했다. 이후 아시리아는 약 1세기 동안 바빌론의 속국으로 남아 있다가, 바빌론에 침입한 후르리인에게 정복되었다.

그 후 아시리아는 후리르인이 지배하는 미탄니 왕국의 속국으로 남아 왕조만을 존속시키고 있다가, 기원전 14세기 중엽에 아슈르 우발리트 1세(Ashur Uballit I : B.C. 1365~B.C. 1330)가 등장하였다. 그는 히타이트 왕과 손잡고 기원전 1350년 이후 미탄니를 공격해 북부 메소포타미아를 회복하고 다시 부강한 왕국이 되었다. 그리고 아슈르 단 2세(Ashur Dan II : B.C. 934~B.C. 912)가 아람인과 산악 민족의 진압에 성공하면서 신新아시리아 제국 시대가 시작되었다.

아시리아의 광대한 영토는 잘 훈련된 강력한 군대, 조직화된 관료군, 완비된 역전驛傳 제도 등에 의해 통치되었으며, 특히 기병과 전차를 갖춘 강력한 군사력을 보유하고 있었다. 그러나 이집트, 바빌론 등 고도의 문화적 발전을 이룬 점령지에 대한 억압적 통치와 무거운 세금은 국민의 반발을 샀다.

결국 그처럼 강대하던 아시리아도 아슈르바니팔 왕이 죽은 뒤 내분이 일어났다. 이때를 틈타 바빌로니아에서 독립한 나보폴라사르와 메디아인의 동맹군이 공격을 시작했고, 기원전 612년 니네베의 함락과 더불어 멸망하였다.

한편 영국의 헨리 로린슨(Henry Creswicke Rawlinson : 1810~1895)은 19세기 중엽 비스툰 비문의 고대 페르시아어와 레이어드가 발굴한 비문에 적혀 있는 고대 아시리아어를 해독하여 아시리아학의 기초를 이룩하였다.

아시리아의 문화적 특색은 메소포타미아에서 일어난 여러 가지 문화를 융합하여 변경 지대에 전한 것이다. 또 니네베와 코르사바드 유적에서 볼 수 있듯이 도시 계획이나 축성築城에 능하였고, 예술 면에서는 석조의 환조와 부조로 뛰어난 작품들을 남겼다. 특히 전투와 맹수 사냥 등 잔인한 행위를 주제로 한 것이 많다.

1940년 5월 24일

이고르 시코르스키, 헬기 V-300 시험 비행 성공

이탈리아의 레오나르도 다 빈치(Leonardo da Vinci : 1452~1519)는 군사, 산업, 의료 등 다방면에 걸쳐 유용한 운송 수단인 헬리콥터를 처음 고안하였다. 이후 많은 발명가, 공학자 들이 실용화에 도전했으나 실패하였다.

이러한 실패의 역사에 종지부를 찍은 사람이 미국의 항공 기술자 이고르 시코르스키(Igor Ivanovich Sikorsky : 1889~1972)이다.

시코르스키는 1889년 러시아의 키예프에서 태어났다. 그는 어릴 때부터 헬기 제작에 관심이 많았다. 러시아 혁명 후 내전 기간 동안 프랑스군 엔지니어로도 일했다.

이후 정정이 불안한 유럽에서는 항공 발전을 기대할 수 없다고 판단하고 1919년 미국으로 건너가 시코르스키 항공 회사를 설립하여 본격적인 헬기 제작에 착수했다.

그는 회사를 세우면서 미국 내 러시아인들로부터 후원을 받았는데 그중에는 유명한 작곡가이자 피아노 연주자인 세르게이 라흐마니노프(Sergei Rachmaninoff : 1873~1943)도 있었다.

시코르스키는 여러 번의 시행착오 끝에 1939년 현대 헬기의 모체가 되는 회전 날개 형태의 V-300을 제작하여 1940년 5월 24일 시험 비행에 성공했다. 1942년에는 이를 보완해 세계 최초의 대량 생산 헬기인 시코르스키 R-4를 만들었다.

시코르스키는 1972년 사망했으며, 1987년 발명가 명예의 전당에 현액 됐다.

2000년 5월 24일

이스라엘군, 남부 레바논에서 철수 완료

2000년 5월 24일, 이스라엘군이 22년 동안 점령해 온 남부 레바논에서의 철수를 완료했다. 1978년 이스라엘은 레바논을 침공하여 팔레스타인 게릴라를 소탕한다는 명목하에 남부 레바논에 '안전지대'를 설치하고 점령을 시작하였다.

하지만 이것은 이스라엘 정부에 줄곧 부담으로 작용했다. 대외적으로는 국제연합UN 등 국제사회로부터 철군 압력을 받아왔으며, 내부적으로는 900여 명의 이스라엘 병사들이 사망하는 등 인명 손실이 많은 소모전에 불과하다는 반대 여론에 직면했기 때문이었다.

이에 이스라엘군과 친親이스라엘계 민병대 남부 레바논군은 2000년 5월 22일 전격적으로 철수를 시작했고, 23일 새벽에는 현지 이스라엘군 사령부 빈트 야바일이 철수에 들어갔다.

이스라엘군이 물러난 남부 레바논의 다수 마을은 이슬람 무장 세력인 헤즈볼라가 장악한 가운데 유엔평화유지군이 이곳에 진주했다.

1844년 5월 24일

모스 부호, 처음으로 송신 성공

1844년 5월 24일 미국의 발명가 새뮤얼 모스(Samuel Finley Breese Morse : 1791~1872)는 워싱턴과 볼티모어 사이에 설치된 전신선을 통해 "신은 무엇을 만들었는가?"라는 성경 구절을 첫 전문으로 보냄으로써 모스 부호로 송신하는 데 처음으로 성공했다.

원래 화가였던 모스는 1837년 전신의 개념을 도입한 새로운 발명에 관심을 기울였다. 그리고 1838년까지 점과 선으로 이루어진 전신 부호 체계를 개발하였다.

그리고 그는 앨프레드 베일(Alfred Lewis Vail : 1807~1859)과 함께 타자기의 키와 비슷한 간단한 조작키를 개발했는데, 이 키를 누르면 전기 회로가 연결이 되어 먼 곳에 있는 수신기에 신호가 전달되었다.

이후 점과 선으로 이루어진 이 전신 부호 체계는 전 세계에 모스 부호라는 이름으로 널리 알려졌다.

1935년 5월 24일

미국 프로야구, 첫 야간 경기 실시

1935년 5월 24일 미국의 프로야구 팀 신시내티 레즈가 홈구장인 크로레스 필드에 불을 밝히고 필라델피아 필리스와 첫 야간 경기를 가졌다.

경기 전부터 메이저리그 최초의 '밤 야구'를 즐기기 위해 무려 2만 5,000여 명의 관중이 모여들었다. 선수들의 플레이가 지장을 받지 않을까 하는 걱정의 목소리가 높았지만 기우에 그쳤다.

홈팀 신시내티 레즈가 필라델피아 필리스를 2대 1로 꺾은 이날 경기에선 단 한 개의 실책도 나오지 않았다. 양팀 선발 투수인 폴 데린저와 조 바우맨은 모두 완투를 하며 역사적인 이날 경기를 투수전으로 장식했다.

프로와 아마의 차이는 '흥행'에 있다. 프로는 늘 볼거리를 제공해야 하고 관중을 모아야 한다. 그래서 이날 이후 야간 경기는 메이저리그의 주류로 자리 잡았다. 사람들은 낮에 일하고 저녁에 야구장에 모여 경기를 즐기는 라이프스타일에 점차 익숙해졌다.

야간 경기를 위해서는 일정 기준 이상의 조명 시설을 반드시 갖추어야 한다. 야구 경기의 경우 내야는 2,000lx, 외야는 최소한 1,500lx의 광도가 요구된다.

5월의
모든 역사

5월 25일

■
·
■

1961년 5월 25일

미국의 케네디 대통령, 아폴로 계획을 선포하다

"나는 인간이 달에 착륙한 후 무사히 지구로 귀환하는 이러한 계획이 성공한다면, 다른 어떠한 우주 계획도 인류에게 이보다 강렬한 인상을 심어 줄 수 없다고 확신합니다. 이는 또한 장기적인 우주 탐사 계획에 중요한 전환점이 될 것이며, 이를 위해 온갖 어려움과 막대한 비용을 감수할 것입니다."

-존 피츠제럴드 케네디

1960년 11월 존 피츠제럴드 케네디(John Fitzgerald Kennedy : 1917~ 1963)가 미국의 신임 대통령으로 당선되었다. 케네디는 우주 탐사와 미 사일 방어에서 소련에 대한 우위를 확보하여야 한다고 공약하였으나, 그의 정책은 우주 탐사보다는 미사일 경쟁에 치중되어 있었다.

1961년 4월 12일, 유리 가가린(Yurii Alekseevich Gagarin : 1934~1968) 이 최초의 유인 우주 비행에 성공하자 미국은 이를 가능하게 한 소련의 기술력에 두려움을 느꼈다. 유리 가가린의 우주 비행이 이루어진 바로 다음날 미국은 우주 과학 위원회를 소집하고 소련과의 경쟁에서 우위 를 차지할 방안을 모색했다.

그리고 4월 20일 케네디는 부통령 린든 존슨(Lyndon Baines Johnson : 1908~1973)에게 현재의 미국 우주 계획의 상태를 검토할 것을 요구 하는 메모를 전달하였다. 린든 존슨은 케네디의 이러한 요청에 대해 "1966년에서 1967년 사이에 달 착륙을 성공시키는 것이 소련과의 우주 경쟁에서 우위를 차지할 수 있는 방안이 될 것입니다."라고 답했다.

케네디는 5월 25일에 미국 의회의 상하원이 모두 모인 자리에서 "인 간을 달에 착륙시킨 후 무사히 지구로 귀환시키는" 계획, 즉 아폴로 계 획을 선포하였다.

아폴로 계획은 전임 대통령이었던 드와이트 아이젠하워(Dwight David Eisenhower : 1890~1969) 시절에 추진되었던 유인 우주 비행 계획인 머 큐리 계획을 기반으로 하였다. 머큐리 계획의 목표는 우주선에 탑승한 1명의 우주비행사가 지구 궤도 비행을 하는 것이었다. 하지만 아폴로 계획은 3명의 우주비행사가 달에 착륙하는 것을 목표로 잡았다.

케네디가 이러한 선언을 할 당시 미국은 단지 한 명의 우주인이 지구 궤도 선회에 성공했을 뿐이었다. 그래서 미국 항공 우주국 내에서도 케네디의 이러한 선언이 달성될 수 있을지 의심하였다.

하지만 이 목표는 1969년 아폴로 11호에 의해 달성되었다. 그리고 1970년대 초반까지 여섯 차례의 성공적인 달 착륙이 이어졌다.

한편 아폴로라는 이름은 미국 우주 항공국의 에이브 실버스타인이 붙인 것으로 고대 그리스의 신 아폴로의 이름을 딴 것이었다. 후에 실버스타인은 "내 아이의 이름을 짓는 것처럼 우주선의 이름을 붙였다."고 말하였다.

* 1969년 7월 21일 '미국의 아폴로 11호, 달에 착륙하다' 참조

1954년 5월 25일

헝가리의 사진작가 로버트 카파,
베트남에서 지뢰를 밟고 사망하다

"카파의 사진은 그의 정신 속에서 만들어지고, 사진기는 단순히 그것을 완성시킬 뿐이다. 훌륭한 화가의 캔버스와 같이 카파는 대상을 어떻게 보며 어떻게 표현할 것인지 알고 있었다. 한 아이의 울음 속에서는 민중 전체의 공포를 보여 주었다."

-존 스타인벡

1944년 6월 6일, 제2차 세계 대전의 분수령이 된 역사적인 노르망디 상륙 작전이 있었다. 이날 종군기자로 나선 로버트 카파(Robert Capa : 1913~1954)는 사진 한 컷 한 컷을 조심스레 눌렀다. 잡지사로 돌아온

카파는 108장의 역사적인 사진이 들어 있는 필름을 암실 조수에게 주고 현상을 부탁했다.

그런데 전 세계적인 특종이 될 필름을 받아든 조수가 너무나도 흥분한 나머지 필름을 말리다 망쳐버렸다. 건질 수 있던 것은 겨우 8장뿐이었고, 그것도 피사체가 흐릿하게 나왔다. 필름을 받은 잡지사 『라이프 Life』는 고민에 빠졌다. 정상적인 판단으로는 필름을 버려야 할 것이기 때문이었다. 하지만 『라이프』는 사진을 게재하기로 결정했다. 그리고 이런 제목을 붙였다.

"그때 카파의 손은 떨리고 있었다."

1954년 인도차이나 전쟁이 끝나 갈 무렵 친구의 충고에도 불구하고 카파는 베트남으로 떠났다. 그리고 5월 25일 베트남군이 설치해 놓은 지뢰에 그의 모습은 사라졌다. 20세기의 가장 혼란스런 곳에는 언제나 카파가 있었고 그곳에서 그는 사진을 찍었다.

카파는 1913년 10월 22일 헝가리 부다페스트에서 태어났다. 그는 유대인이라는 이유로 헝가리에서 쫓겨난 후 베를린 대학교에 들어가 암실 조수로 일하면서 사진을 배웠다.

1932년 이오시프 스탈린(Ioseb Besarionis dze Jughashvili : 1878~1953)에게 축출되어 망명길에 오르는 레온 트로츠키(Lev Davidovich Bronstein : 1879~1940)를 사진에 담아 사진기자로 인정받기 시작했다.

1933년 히틀러 정권을 피해 파리로 간 카파는 1936년 스페인 내전이 일어나자 그곳에서 사진기자로 활약하였다.

어느 날 프란시스코 프랑코(Francisco Franco : 1892~1975) 독재 정권

에 저항하던 인민전선파의 한
병사가 총탄에 맞고 쓰러지는
처절한 순간을 찍어 「병사의
죽음」이라는 이름으로 『라이
프』표지에 실었다.

「**병사의 죽음**」

전쟁과 죽음의 순간을 너무
완벽하게 보여 준 이 사진은
독자들에게 너무나 강한 충격을 주어 비난과 찬사를 동시에 들었다.

이후 카파는 전쟁이 있는 곳이면 어디든지 찾아갔다. 격동의 20세기,
그가 사진기를 가지고 갈 곳은 너무나 많았다.

중일 전쟁, 공습하의 런던, 북아프리카 전선, 시칠리아 공략, 노르망
디 상륙 작전 등등 격동의 20세기의 현장을 그는 사진기를 가지고 무
작정 갔다. 위험을 무릅쓰고 전장을 누빈 그의 기자 정신은 카파이즘
Capaism으로 불리며 종군기자의 철학이 되었다. 다음의 말이 카파이즘의
핵심을 말해주고 있다.

"만약 당신의 사진이 만족스럽게 느껴지지 않는다면 그것은 너무 멀리서
찍었기 때문이다."

1977년 5월 25일

블록버스터 영화 「스타워즈」, 미국에서 첫 개봉

"그건 영화 개봉이 아니었다. 꼭 지진이 일어난 것 같았다."

-캐리 피셔

1977년 5월 25일 조지 루카스(George Lucas : 1944~) 감독의 블록버스터 영화 「스타워즈」가 미국에서 처음 개봉했다. 루카스 감독과 제작사 20세기폭스는 개봉 몇 달 전부터 대대적인 홍보 활동을 펼쳤다.

영화팬들은 개봉 첫날부터 극장 앞에 장사진을 이뤘다. 이들은 머나먼 은하계에서 벌어지는 우주 전쟁에 매료됐다. 영화의 인기에 힘입어 캐리 피셔(Carrie Frances Fisher : 1956~)를 비롯해 마크 해밀(Mark Richard Hamill : 1951~)과 해리슨 포드(Harrison Ford : 1942~) 등 주연 배우 3명은 하루아침에 스타로 부상했다.

그리고 「스타워즈」는 문화 현상이자 산업이 됐다. 「스타워즈」를 소재로 한 TV 시리즈와 만화책, 장난감, 비디오게임, 캐릭터 상품이 쏟아져 나왔다.

루카스 감독은 1980년과 1983년에 각각 「제국의 역습」과 「제다이의 귀환」 등 속편을 연이어 발표해 관객 몰이를 했다. 평단에서도 좋은 반응을 얻었다. 이후 그는 16년간의 공백기를 거쳐 1999년부터 2005년까지 「보이지 않는 위협」「클론의 습격」「시스의 복수」 등 3편을 추가로 만들었다. 1970~1980년대 발표한 에피소드 이전의 이야기를 다룬 속편이었다. 앞서 개봉한 작품들만큼 평단의 호응을 이끌어내지는 못했지만 대중적 인기는 남부럽지 않게 누렸다.

루카스 감독이 장장 28년에 걸쳐 완성한 「스타워즈」 시리즈는 아카데미상을 7번 수상했고 입장권 수입만도 미국에서만 4억 6,100만 달러, 세계적으로는 8억 달러에 달했다. 경제 주간지 『포브스』는 「스타워즈」 시리즈가 200억 달러 이상의 부가가치를 창출한 것으로 추산했다.

—

2001년 5월 25일

아프리카 연합 공식 출범

—

"세계화의 커다란 변화와 아프리카를 흔드는 다양한 위기들, 견고한 유럽 블록의 탄생 등은 아프리카가 연합하든지 지구촌의 변방을 맴돌든지 둘 중 하나의 선택을 강요하고 있다."

-압둘라예 웨이드, 세네갈 대통령

1951년 리비아가 이탈리아로부터 독립할 때까지만 해도 아프리카에서 독립을 선포한 나라는 4개국밖에 되지 않았다. 그 정도로 20세기 중반 이전의 아프리카는 유럽과 미국의 제국주의 아래서 그 고유한 모습을 잃어버리고 식민지의 노예로 떨어지는 생활을 해 왔다.

1960년대에 들어서야 비로소 아프리카 독립 운동이 절정에 이르러 17개의 신생 독립국이 생겼고 '아프리카의 해'를 만들었을 뿐이었다.

그들은 1963년 5월에 "아프리카 문제는 아프리카에 의해서"라는 슬로건을 내걸고 아프리카 통일 기구OAU를 만들었다. 이 기구는 아프리카의 화합과 단결을 목적으로 식민지 국가들의 독립을 지지하고 주권을 수립하는 데 노력하였다.

또한 1964년부터 벌어진 알제리와 모로코 사이의 분쟁을 조정하고 아프리카 국가들 간의 국경 분쟁을 중재하였다. 국제연합UN에서는 아프리카 국가들의 공동 이익을 대변하기도 했다.

1999년 9월, 그들은 다시 리비아에 모여 제4차 아프리카 통일 기구 정상회담에서 아프리카 통일 기구를 대신하는 아프리카 연합AU의 창립을 결정하였다.

그리고 2001년 5월 25일 나이지리아 총회에서 아프리카 연합의 공식 출범을 선언하였다. 아프리카 연합은 전쟁 범죄와 학살 및 반인도적 범죄행위 등 중대 상황에 대해 이사회가 분쟁을 해결할 수 있는 강한 개입권을 주고 있다.

하지만 서방식 민주주의와 인권에 반대하는 리비아와 이에 반대하는 남아프리카 공화국 사이의 입장 차이에서 알 수 있듯이, 아직 아프리카 국가들 간의 통일적인 행동을 하기에는 많은 걸림돌이 남아 있다.

—

1571년 5월 25일

오스만 제국의 이슬람 세력에 대항할 그리스도교의 신성동맹 결성

—

10세기 이후로 투르크인은 콘스탄티노플에 수도를 둔 비잔티움 그리스도교 제국의 세력을 꾸준히 잠식해 들어갔다. 초기에는 십자군에 견제를 당했지만 1300년경에는 소아시아에 거점을 확보했다.

이후 흑해와 마르마라 해를 건너 유럽으로 진입한 오스만 제국은 인접한 그리스도교 국가들의 영토를 잠식하기 시작했다. 마침내 1453년에 모하메드 2세가 콘스탄티노플을 함락함으로써 그리스도교 문명권은 최악의 굴욕을 당했다.

투르크인은 서쪽뿐만 아니라 남쪽으로도 진출했다. 1517년에 이집트는 투르크의 셀림 1세(Selim I : 1470~1520)에게 점령당했다. 그의 후계자이며 '대大술탄'이라고 불렸던 술레이만 1세(Suleiman I : 1494~1566)는 바그다드, 로도스, 벨그라드, 부다페스트를 거쳐 당시 서유럽 대부분을 지배했던 신성 로마 제국의 수도인 빈 부근까지 지배권을 확장했다.

그리고 1570년 베네치아를 동부 지중해로부터 몰아내기 위해 술탄 셀림 2세(Selim II : 1524~1574)의 군대가 키프로스에 침입하자 서방의 그리스도교인들은 더욱 위기의식을 느끼게 되었다.

그래서 1571년 5월 25일 교황 비오 5세(Pius V : 1504~1572)와 에스파냐의 펠리페 2세(Felipe II : 1527~1598) 사이에 신성동맹이 결성됐다. 그리스도교는 투르크 침략의 파도를 막아내기 위해서는 이슬람교도들에게 필적할 단결과 헌신이 필요함을 깨달았다.

교황을 중심으로 단결한 그리스도교 군사들은 돈 후안 데 아우스트리아(Don Juan de Austria : 1547~1578)가 지휘하는 신성동맹 함대로 1571년 10월 레판토 해전에서 이슬람 함대를 결정적으로 패배시킴으로써 다시는 이슬람 군대가 지중해에 발을 들여 놓지 못하게 했다.

* 1571년 10월 7일 '신성동맹 함대, 레판토 해전에서 투르크 함대 격파' 참조

5월의
모든 역사

5월 26일

1911년 5월 26일

독일, 알자스와 로렌을 한 주로 공인하다

아이들이 떠드는 틈을 타서 조용히 자리에 앉을 생각이었으나 일
요일 아침처럼 고요하기만 했다. 아멜 선생님은 호통을 치기는커녕
"귀여운 프랑즈, 빨리 네 자리로 가거라." 하고 조용히 말씀하셨다.
선생님은 정장을 하고 계셨으며, 오젤 노인 등 마을 사람들이 같이
와 앉아 있었다.
모두가 슬퍼 보였다. 아멜 선생님은 엄숙한 음성으로 말했다. "여러
분, 이것은 내가 여러분에게 가르치는 마지막 수업입니다. 알자스
와 로렌의 초등학교는 독일어만을 가르치라는 명령이 베를린에서
왔습니다. (……) 오늘은 여러분의 마지막 프랑스어 수업입니다.
열심히 들어 주시기 바랍니다." 이 몇 마디 말씀은 나를 한없이 당
황하게 했다. 나는 프랑스어를 영원히 못 배우고 마는구나 하고 생
각하니 내가 수업을 빼먹고 놀러 다니던 일이 무척 뉘우쳐졌다.

-알퐁소 도데, 「마지막 수업」

프랑스와 독일의 경계에 있는 알자스와 로렌은 지정학적 위치와 경제적 가치로 인해 예로부터 양국 간의 분쟁이 끊이질 않던 곳이다. 석탄과 철이 다량으로 매장되어 있을 뿐만 아니라 온난한 기후로 와인 맛도 좋아 양국은 호시탐탐 이곳에 눈독을 들였다.

로마의 율리우스 카이사르(Gaius Julius Caesar : B.C. 100~B.C. 44)가 이 지방을 정복하면서 로마 제국령이 되었고 이어 프랑크 왕국에 속하였다가, 870년 메르센 조약에 따라 그 대부분이 동프랑크 왕국에 소속되었다. 10세기 이후 이를 둘러싸고 프랑스와 독일 양국 사이에 분쟁이 시작되었다.

먼저 국기를 꽂은 나라는 프랑스였다. 1648년 30년 전쟁을 종결시킨 베스트팔렌 조약을 통해 알자스를 프랑스 영토로 결정한 것이었다. 하지만 로렌은 1766년이 되어서야 프랑스로 귀속됐다. 그러나 상류층만 프랑스에 우호적이었을 뿐, 독일어와 독일 풍습이 그대로 유지돼 통합이 더뎠다.

프랑스 혁명 이후에야 비로소 종래의 독일적 전통은 무너지고 프랑스로의 통합이 진전되었다. 하지만 1870년 프랑스가 프로이센과의 전쟁에서 패하고 난 뒤 주인이 독일로 바뀌었다. 프랑스 작가 알퐁스 도데(Alphonse Daudet : 1867~1942)의 「마지막 수업」이 발표된 것은 이 무렵이었다.

이 전쟁에서 독일 제국에 속하게 된 알자스와 로렌은 전략적으로 프랑스로의 돌격로를 만들어 주었으며, 프로이센 이남의 독일에 대한 영향력을 증가시켰다. 독일은 이곳에서 프랑스의 흔적을 지우려 했다.

1879년 독일 제국의 대관代官 밑에서 지방 정부가 세워져 제국 의회에 대표 15명을 보내게 되었고, 1911년에 이르러서는 방의회邦議會의 설치와 연방참의원에 대한 대표권을 획득하였다. 그리고 자치 지역이었던 이곳이 독일연방의 한 개 주州로 공식 편입된 것은 1911년 5월 26일이었다.

독일 제국의 통치하에서 이 지방 주민의 대부분은 독일의 행정, 특히 군대에 대하여 반감을 품고 있었다. 1870~1890년대에는 제국의회 의원의 대부분이 친親프랑스적인 가톨릭계의 항의파抗議派였고, 제국 내 방국邦國의 지위를 요구하는 자치파自治派는 소수였다. 1890년 이후에는 경제적 발전의 영향으로 항의파의 세력은 줄어들었다.

그래서 어렵사리 독일의 일원으로 자리를 잡는가 싶더니 제1차 세계대전 패배는 주인을 다시 프랑스로 되돌렸다. 1919년 베르사유 조약이 소유주를 변경한 것이었다. 하지만 일부 주민의 친親독일 감정은 쉽게 가시지 않고 문제로 남았다.

50여 년 만에 프랑스로 복귀하였지만 지역 주민들은 프랑스의 성급한 동화 정책에 또 반발하였다. 운명은 여기서 끝나지 않았다. 제2차 세계 대전 발발과 함께 5년간 독일 수중에 떨어졌다가 전후 다시 프랑스로 반환되었다.

—

1659년 5월 26일

아우랑제브, 무굴 제국의 황제 등극

—

"자신의 아들을 믿지 말라. 그들을 자상하게 대하지도 말라. 샤 자한 왕이 큰아들을 그렇게 총애하지만 않았더라도 유폐되지는 않았을 것이다. 황제 라는 단어는 부질없다는 것을 항상 명심하라."

-아우랑제브

아우랑제브(Aurangzeb : 1618~1707)는 1618년 무굴 제국의 제5대 황 제인 샤 자한(Shah Jahan : 1592~1666)의 셋째 아들로 태어났다. 그는 데 칸 총독으로 있으면서 군사와 통치에 뛰어난 능력을 보였다. 하지만 후 계자의 자리는 맏형인 다라 시코(Dara Shikoh : 1615~1659)의 차지였고 야심 많은 아우랑제브는 형과 대결하였다.

1657년 아우랑제브는 아버지인 샤 자한의 병이 깊어지자 형과의 싸 움에서 승리해 1659년 5월 26일 황제에 올랐다. 그리고 그는 아버지 샤 자한을 아그라 성에 유폐시켰다.

무굴 제국의 제6대 황제가 된 아우랑제브는 1669년 힌두교를 포함한 모든 이교도의 사원과 학교를 없애버리라고 명령했다. 힌두교도들에게 는 세금인 지즈야를 다시 걷었고, 힌두교도들이 대부분인 제국의 관리 들을 이슬람교도로 바꾸었다.

힌두교도와 무거운 세금을 내야 하는 농민은 저항하였다. 황제는 이 들을 물리치고 무굴 제국 최대의 영역을 차지하였지만, 그가 죽은 후 무굴 제국은 붕괴하기 시작하였다.

1896년 5월 26일

찰스 다우, 미국의 대표적 경제 지표
'다우 지수' 공개

미국 저널리스트 찰스 다우(Charles Dow : 1851~1902)는 1882년 에드워드 존스(Edward Jones : 1856~1920)와 함께 '다우존스&컴퍼니'라는 회사를 설립했다. 1896년 5월 26일 다우는 '다우존스 산업 평균지수(DJIA : Dow Jones Industrial Average)'라는 것을 만들어 처음으로 공개했다.

오늘날 글로벌 금융 자본주의 시대에 지구 반대편까지 출렁이게 만드는 뉴욕 증시의 주요 지수 중 하나가 탄생한 것이었다.

다우는 1884년부터 '다우존스평균'이라는 이름으로 대형 철도 회사들의 주가 평균치를 계산한 자기만의 지수를 만들어 사용하고 있었다. 이를 12개 기업 주식으로 확대한 것이 다우 지수였다. 다우는 기업들의 주가 총액을 '다우 젯수Dow Divisor'로 나누는 독특한 방식으로 지수를 매겼다.

철도 회사들 중심으로 돼 있던 종목 구성은 제조업체 위주로 바뀌었다. 다우는 이 주가 지수를 2쪽짜리 증시 소식지에 게재했는데, 이 소식지가 「월스트리트저널Wall Street Journal」의 전신이다.

1928년 다우 지수에 들어가는 기업 수는 30개로 늘어났다. 하지만 곧이어 닥친 증시 대폭락과 대공황으로 다우 지수는 90%가 폭락했다. 그 후 지금까지 등락을 거듭하면서 이 지수는 미국 경제의 대표적 지표로 자리 잡았다.

* 1999년 3월 16일 '미국, 다우존스 주가 지수 1만 돌파' 참조

—
1972년 5월 26일

미국과 소련, 제1차 전략 무기 제한 협정 체결
—

1969년 11월 17일 제럴드 스미스 군축 국장을 앞세운 4명의 미국 대표와 블라디미르 세미오노프를 단장으로 하는 6명의 소련 대표가 헬싱키 교외 스몰라 궁에 마주 앉았다. 이것은 후에 SALT 1, 즉 제1차 전략 무기 제한 협정이란 이름으로 조인되는 미국과 소련 간의 핵군축 회담의 시작이었다.

핵무기가 개발되었지만, 그것과 관련하여 끝없는 군사비 지출은 소련뿐만 아니라 자본주의 대국인 미국에게도 큰 부담이었다. 그래서 미국과 소련 두 나라는 전략 무기 제한 교섭에 들어가 탄도 요격 미사일의 제한과 공격용 전략 무기 제한에 관해 합의를 보기로 결정하였다.

미국과 소련 사이의 긴장 완화를 위한 협상 노력은 1972년 5월 26일 소련 모스크바 크렘린궁에서 열매를 맺는다. 미국의 리처드 닉슨(Richard Milhous Nixon : 1913~1994) 대통령이 소련의 레오니트 브레즈네프(Leonid Il'ich Brezhnev : 1906~1982) 공산당 서기장과의 협정 조인을 위해 처음으로 소련을 방문한 것이었다.

전략 무기 제한 협정은 대륙간 탄도 미사일ICBM과 잠수함 발사 탄도 미사일SLBM의 수량을 제한하였다. 미국은 ICBM 1,054기, SLBM 710기, 소련은 ICBM 1,618기, SLBM 950기까지 보유할 수 있다는 것이 그 내용이었다.

하지만 SALT 1은 유효 기간을 1977년 10월까지로 잡은 잠정 협정이었기 때문에 7년 뒤인 1979년 6월 오스트리아 빈에서 SALT 2 협정이 조인되었다.

* 1979년 6월 18일 '미국과 소련, 제2차 전략 무기 제한 협정 조인' 참조

5월의
모든 역사

5월 27일

1941년 5월 27일

영국 해군, 독일 전함 비스마르크호를 격침하다

제2차 세계 대전 당시 독일 해군 최대의 전함으로 알려져 있는 비스마르크호는 1936년 7월 1일에 설계와 건조를 시작해 1939년 2월 14일에 진수, 1940년 8월에 취역했다. 배수량 4만 2,900t, 속력 29kt이며, 380mm 주포 8문 등이 장착되어 있었다. 함명은 독일 통일의 주역인 철혈 재상 오토 폰 비스마르크(Otto Eduard Leopold von Bismarck : 1815~ 1898)를 기리기 위해 붙여졌다.

1941년 5월 18일 첫 출항에 나선 비스마르크호는 영국의 후드호를 격침시키는 전과를 올렸다. 후드호는 비스마르크호 이전에 세계 최대의 배수량을 지닌 전함이었다. 따라서 영국은 비스마르크호를 두려워하게 되었다.

독일의 비스마르크 전대는 영국의 보급선을 끊기 위한 작전을 위해 1941년 5월 18일에 출항했다. 처음에는 전함 비스마르크호, 중순양함 프린츠 오이겐호, 순양전함 샤른호르스트호와 그나이제나우호가 함께 참가할 예정이었다. 즉 비스마르크 전대는 전함 1척, 중순양함 1척, 순양전함 2척으로 구성된 강력한 함대였던 것이다.

그러나 작전 참가 전에 샤른호르스트호는 기관 고장으로 인해, 그나이제나우호는 영국 해군 뇌격기의 공격으로 인해 추진축이 손상되어 수리를 위해 항구에 머무를 수밖에 없었다. 그 때문에 함대는 전함 1척과 중순양함 1척으로 줄어들었다.

영국 해군은 이 전대의 출항을 이미 탐지하고 있었다. 그래서 스카케라크 해협에서 비스마르크호를 포착하고 스웨덴 해군 항공 순양함 고트란트호에게 추적해 줄 것을 요청하였다. 하지만 고트란트호는 비스마르크호가 스카케라크 해협을 통과한 후 추적에 실패하였고, 이를 영국군에게 통보했다.

5월 21일이 되어서야 비스마르크 전대가 영국 공군의 정찰기에게 다시 발각되었다. 그리고 5월 24일 이른 아침, 프린츠 오이겐호과 함께 덴마크 해협을 항해하고 있던 비스마르크호에 전함 후드호와 프린스 오브 웨일스호로 이루어진 영국 해군이 남쪽에서 접근했다.

후드호가 프린츠 오이겐호를 발견하고 사격을 개시하였다. 하지만 군함끼리의 전투에 내켜하지 않는 함대 사령관 군터 루첸스 중장이 반격 명령을 내리지 않았다. 이에 인내심의 한계를 느낀 비스마르크호의 함장 에른스트 린데만 대령은 포격 명령을 내렸다.

비스마르크호가 쏜 다섯 번째 사격이 후드호의 탄약고를 정통으로 맞춰 후드호는 두 동강이 나 버렸다. 그리고 후드호의 승무원 1,415명중에서 단 3명만이 생존하였다.

후드호의 침몰 소식에 영국 해군은 거의 모든 함대를 집결시켜 비스마르크호 침몰에 집중하기로 하였다. 본국 방어 함대는 물론, 지중해 함대 소속인 순양 전함 리나운호와 항공모함 아크 로열호까지 불러들였다. 한편 비스마르크호는 프린츠 오이겐호와 헤어져 서로 다른 항로로 이동해 프랑스로 향하였다.

밤 10시경, 영국 해군 항공모함 빅토리어스호로부터 공격기 소드 피쉬 뇌격기 9기가 발진하였다. 계속적으로 비스마르크호를 탐지하고 있던 순양함 노포크호가 위치를 통보하였기 때문이다. 2시간 후에 소드 피쉬 뇌격기 9기는 공격을 개시하였다. 그러나 이 공격으로 어뢰 1기를 명중시키는 것에 그쳤다.

5월 25일 새벽, 비스마르크호가 노포크호의 수색 레이더에서 이탈해 영국 해군의 시야에서 벗어났다. 하지만 루첸스 제독이 전투 상세 보고를 위해 독일 해군 본부에 수신했기 때문에 다시 위치가 포착되었다.

5월 26일 오전에 영국 해군 비행정이 프랑스 서쪽 해상에서 비스마르크호를 발견했다. 이때 영국 함대의 주력 부대는 비스마르크호가 있는 곳에서 북쪽으로 240km 떨어진 지점에 있었기 때문에 따라 잡는 것이 불가능하다고 판단했다.

결국 영국 해군은 항공모함에 의한 격침을 생각하였다. 그리고 어뢰를 발사해 비스마르크호 좌현 중앙부에 명중시켰다. 명중된 비스마르크호에서 소량의 침수가 발생하였다.

5월 27일, 영국 해군 전함 킹 조지 V호와 로드니호, 중순양함 노포크호 및 도셋셔호는 88분 동안 비스마르크호와 격전을 치렀다. 이때 비스마르크호는 약 400여 발의 포탄과 3발의 어뢰 공격을 받았다. 잔여 연료도 공격을 회피할 만큼은 없었기 때문에 비스마르크호는 자침自沈을 선택하고, 오전 10시 40분에 침몰하였다. 전체 승무원 2,206명 중 115명만이 구조되었다.

비스마르크호의 선체는 1989년 6월 8일에 발견되었다. 발견자는 타이타닉호의 탐사를 수행한 미국의 심해 탐험가 로버트 발라드(Robert Ballad : 1942~)였다.

함체 분석 결과, 포격과 수뢰의 타격에 의한 광범위한 파괴와 자침을 위해 열어두었던 구멍이 확인되었다. 발라드는 타이타닉호의 경우처럼 유품 등의 도난을 우려해 비스마르크호가 침몰한 정확한 장소는 발표하지 않았다.

—

1971년 5월 27일

소련의 축구 골키퍼 레프 야신 은퇴

—

미국과 소련의 동서 냉전으로 살벌하던 1971년 5월 27일 잠시 '철의 장막'이 열렸다. 모스크바의 레닌 스타디움은 한 위대한 스포츠인의 은퇴를 지켜보기 위해 구름처럼 모인 10만 명의 인파로 가득했다. 서유럽의 팬들도 이날만은 주저 없이 철의 장막을 넘었다.

소련의 골키퍼 레프 야신(Lev Ivanovic Yashin : 1929~1990)은 이렇게 국경과 이념을 떠나 수많은 팬들의 축복과 아쉬움 속에 그라운드를 떠났다. 야신은 골키퍼의 대명사이자 전설이었다. 신의 손, 거미손, 문어발 등 뛰어난 골키퍼를 칭찬하는 수많은 별명들이 야신으로부터 비롯됐다.

1929년 모스크바의 노동자 집안에서 태어난 야신은 23세의 늦은 나이에 모스크바 다이나모팀 골키퍼로 데뷔했다. 같은 클럽의 아이스하키 선수였던 야신을 눈여겨보던 선배 골키퍼의 권유가 축구 입문의 계기가 됐다. 야신이 지키는 골문은 이때부터 철옹성으로 변했다.

야신은 축구 골키퍼로서 완벽한 신체 조건을 구비했다. 1m 88cm의 키에 팔과 손가락이 유달리 길었고 반사 신경이 뛰어났다. 여기에 차분하면서도 너그러운 성격은 팀 동료들에게 믿음을 주었다.

데뷔 1년 뒤 국가대표로 뽑힌 야신은 1956년 멜버른 올림픽 금메달과 1960년 유럽선수권 우승컵을 소련에 바쳤다. 1963년에는 골키퍼로서는 유일무이하게 '올해의 유럽선수'상을 수상하기도 했다.

월드컵에서도 1958년 스웨덴 대회, 1966년 영국 대회, 1970년 멕시코 대회에 3회 연속 출전하며 수많은 명장면을 남겼다. 이런 야신에게 소련 정부는 최고의 훈장인 레닌상을 수여했다. 야신은 현역 시절 150개의 페널티킥을 막아냈고, 국가대표로 뛴 78경기에서 70골만을 허용했다.

야신은 1990년 암으로 세상을 떠났다. 하지만 그는 월드컵과 함께 영원한 전설로 살아 있다. 그를 기리기 위해 1994년 미국월드컵부터 최고의 골키퍼에게는 '야신상'을 수여하고 있다. 야신은 1999년 '20세기 최고의 러시아 체육인'에 뽑히기도 했다.

1990년 5월 27일

세사르 가비리아, 콜롬비아 대통령으로 당선

1990년 5월 27일 치러진 콜롬비아 대통령 선거에서 집권자유당의 세사르 가비리아 트루히요(Cesar Augusto Gaviria Trujillo, 1947~)가 차기 대통령으로 당선됐다.

1947년 커피 생산지인 페레이라에서 태어난 가비리아는 안데스 대학교에서 경제학을 전공하고 정치에 입문, 페레이라 의원과 시장 등을 거쳐 1983년 콜롬비아 하원의장에 취임했다. 그 뒤 비르힐리오 바르코 (Virgilio Barco Vargas : 1921~1997) 대통령 정권에서 경제 장관과 내무 장관을 지냈으며, 특히 내무 장관 재직 중에는 대통령의 외유 때마다 대통령 집무를 대행했다.

가비리아는 "테러에 양보하는 국가는 영원히 테러에 휩싸이게 된다." 는 지론을 갖고, 콜롬비아 내에 60만 명의 방대한 세력을 가진 코카인 밀매 조직에 강경 대처를 강조해 왔다. 이 때문에 그는 코카인 밀매 조직들로부터 암살 대상 1호로 지목돼, 집권자유당의 대통령 후보로 지명된 이후에 대중 유세를 제대로 갖지 못했다.

투표일에도 그는 방탄조끼를 입고서도 14대의 경찰 차량과 120명의 경호원에 둘러싸여 투표를 했다. 하지만 이처럼 살벌한 분위기에서도 그는 차점자보다 두 배의 득표를 하며 대통령으로 당선되었다.

1937년 5월 27일

미국, 금문교 개통

미국 남쪽의 샌프란시스코와 북쪽의 마린 반도를 잇는 금문교Golden
Gate Bridge가 1937년 5월 27일 20만여 명의 보행자들이 모인 가운데 개통
됐다. 차량 통행은 이튿날인 5월 28일 개시됐다.

미국을 대표하는 다리가 된 금문교는 이름과는 다르게 주황색으로
칠해져 있으며, 전체 길이는 2,789m, 수면으로부터의 높이는 67m이다.
토목 기술자인 조셉 스트라우스(Joseph Strauss : 1870~1938)가 설계했으
며, 1933년 1월 5일에 착공해 3,500만 달러를 들여 4년 만에 완공했다.

미국 토목학회에서는 금문교를 세계에서 가장 큰 조각상으로 꼽는
다. 또한 연간 통과 차량이 4,100만 대에 이르는 미국 연방 고속도로의
핵심 노선이며 한 해도 거르지 않고 보수, 보강 공사를 하는 곳으로 유
명하다.

1703년 5월 27일

러시아의 영원한 수도, 상트페테르부르크 탄생

1703년 5월 27일 러시아 황제 표트르 1세(Pyotr I : 1672~1725)는 스
웨덴의 침략을 막기 위해 상트페테르부르크를 건설하였다. 그리고 스
웨덴과의 전쟁에서 승리한 후 발트 해 진출을 위해 1712년 제정 러시
아 수도를 모스크바에서 상트페테르부르크로 옮겼다.

상트페테르부르크는 서구 문명을 도입하여 여느 유럽 도시 못지않은
아름다운 도시로 변모했다. 1917년 사회주의 혁명 이후 상트페테르부
르크는 레닌그라드로 이름이 바뀌었다가, 1991년 러시아 민주화 과정
에서 다시 원래 지명을 되찾았다.

레닌 혁명이 일어난 다음해인 1918년 수도를 모스크바로 옮겼지만
시민들은 상트페테르부르크를 '러시아의 영원한 수도'로 기억하고 있다.

제2차 세계 대전 당시 독일군이 900일 동안 상트페테르부르크를 포
위하고 공격하는 바람에 80만 명의 희생자가 발생하기도 하였다.

* 1918년 3월 9일 '소련, 상트페테르부르크에서 모스크바로 수도 이전' 참조

5월의
모든 역사

5월 28일

■
■
■

1964년 5월 28일

팔레스타인 해방 기구가 공식 출범하다

"지금 나는 한 손에 올리브 가지를, 한 손에는 총을 들고 있다. 내 손이 올리브 가지를 놓지 않게 해 달라."

-야세르 아라파트

1948년 5월 이스라엘의 건국으로 중동 지역에 새로운 화약고가 탄생
했다. 아랍인들은 1300여 년 간 거주해 온 그들의 땅에 이민족, 이종교
국가가 들어섰기에 심기가 편치 않았다. 하지만 기원전 15세기에 세워
진 자기들 왕국에서 로마군에 쫓겨 유랑하다 2000여 년 만에 '약속의
땅'으로 되돌아온 이스라엘 사람들로서는 감회가 남달랐다.

이스라엘의 건국으로 200여 만 명의 팔레스타인 난민들이 쫓겨났다.
충돌이 불가피했다. 건국과 함께 포성이 울렸지만 예상과 달리 이스라
엘은 팔레스타인 땅의 70%를 차지하는 전과를 올렸다. 8년 뒤 다시 격
돌했지만 또다시 이스라엘이 승리하였다.

쫓겨난 팔레스타인인들은 제1차 중동 전쟁과 제2차 중동 전쟁을 거
치면서 한 가지 깨달은 것이 있었다. 언제까지나 이집트와 시리아 같은
아랍의 형제들에 의지한 전쟁만으로는 팔레스타인으로 돌아갈 수 없다
는 것이었다.

팔레스타인을 해방하기 위해서는 팔레스타인 자신이 주체가 되어 조
직을 만들 필요가 있었다. 물론 이전에도 비밀 저항 운동을 하던 여러
조직들이 있었지만 분산되어 있었다. 당시 여러 나라로 흩어져 난민이
된 팔레스타인 사람들을 하나로 묶는 것은 쉽지 않은 일이었다.

그래서 이들을 하나로 묶은 팔레스타인 국가를 세우기 위해 1964년
5월 28일 팔레스타인 해방 기구PLO가 만들어졌다. 하지만 이후 5년 동
안 PLO는 아무런 정치적인 힘이 없었다. 단지 이집트의 가말 압델 나세
르(Gamal Abdel Nasser : 1918~1970) 대통령이 시키는 대로 따랐던 힘없
는 조직이었을 뿐이었다.

PLO는 1969년 야세르 아라파트(Yasser Arafat : 1929~2004)가 의장으
로 취임하면서부터 제 역할을 하기 시작했다. 이때부터 본격적으로 여

러 조직들을 하나로 통일하여 이스라엘과 전선을 이루었다.

　그러나 이때까지도 전 세계가 이들에게 큰 관심을 가지지 않았다. 팔레스타인인들의 존재마저 희미하였다. 이스라엘의 골다 메이어(Golda Mabovitz : 1898~1978) 수상은 기자회견에서 "팔레스타인 민족이란 처음부터 존재하지 않았다."고 말했을 정도였다.

　하지만 아랍 민족 운동ANM을 따르는 급진파 조직 팔레스티나 해방 인민 전선PFLP이 1970년 9월에 비행기 납치 사건을 연속적으로 벌이고, 1972년에는 일본의 적군파와 손을 잡고 텔아비브 공항을 습격하자 팔레스타인의 민족 운동이 전 세계에 알려졌다.

　그리고 아라파트는 1974년부터 PLO가 국제 테러리즘에 더 이상 개입하지 않는 대신 국제사회가 PLO를 팔레스타인 국민의 정당한 대표체로 인정해 줄 것을 요청했다. 1993년 아라파트의 지도 아래 PLO는 이스라엘과의 평화 정착을 위한 비밀 협상에 들어갔으며, PLO는 이스라엘로부터 팔레스타인 주민들에 대한 유일한 대표권을 인정받았다.

* 1948년 5월 14일 '유대 민족의 국가 이스라엘이 세워지다' 참조

——

1998년 5월 28일

파키스탄, 지하 핵실험 성공

——

"인도를 사정거리에 두는 발사 거리 1,500Km의 가우리 미사일에 핵을 장착할 준비가 되어 있다."

-나와즈 샤리프

인도는 1974년 5월 최초의 핵실험에 성공했다. 이후 잠잠하다가 카슈미르 분쟁 등으로 적대적인 관계에 있는 파키스탄의 핵 개발이 분명해지자, 24년 만인 1998년 5월 11일 라자스탄 주 사막 지대에 있는 포크란 핵 실험장에서 지하 핵실험을 공개적으로 재개하였다.

실험 직후 바지파이(Atal Behari Vajpayee : 1924~) 인도 총리는 언론에 이 사실을 알렸다. 국민들을 안심시키고 파키스탄에게 경고를 하기 위한 것이었다.

여기에 대응하여 파키스탄은 17일 후인 5월 28일 아프가니스탄 국경 부근인 발루치스탄 주 라스코 산악 지대에서 핵실험을 성공적으로 시행하였다.

미국의 빌 클린턴(Bill Clinton : 1946~) 대통령은 핵실험 7시간 전에 파키스탄의 나와즈 샤리프(Mian Muhammad Nawaz Sharif : 1949~) 총리에게 전화를 걸어 30분 동안이나 핵실험을 하지 말라고 설득했지만 소용없었다. 샤리프 총리는 다음과 같이 말하면서 핵실험을 강행하였다.

"우리의 핵실험을 멈추려고 했으면 먼저 국제사회는 인도를 강력히 처벌했어야 한다. 그러나 미국을 비롯한 국제사회는 인도에 대해서 꼬리를 내려 버렸다. 나는 정말 핵실험 결정을 내리고 싶지 않았다. 그러나 국민은 거리에서 핵실험을 하라고 시위를 하고 있고 언론과 야당도 같은 주장을 하고 있다. 이번 일은 이미 내 손에서 떠났다."

* 1974년 5월 18일 '인도, 지하 핵실험 성공' 참조

—

1987년 5월 28일

독일의 루스트, 경비행기로
소련 방공망을 뚫고 모스크바 착륙

—

"붉은 광장에는 사람이 너무 많았다. 아예 크렘린궁 안으로 들어갈까 생각
했지만 여의치 않았다. 그러나 어떻게든 공개적인 장소에 비행기를 내려
야 했다. KGB가 두려웠다."

-마티아스 루스트

1987년 5월 28일, 독일의 19세 청년 마티아스 루스트(Mathias Rust :
1968~)가 경비행기 세스나를 몰고 러시아의 심장부에 들이닥쳤다. 그
는 보란 듯이 붉은 광장을 세 번이나 선회한 다음 크렘린궁 담장 밖에
사뿐히 내려앉았다.

세계 언론은 소련의 방공망이 아마추어 비행사의 저공비행에 뚫렸
다고 크게 보도했다. 그러나 소련의 방공사령부는 루스트를 놓친 것이
아니었다. 소련 영공에 진입하기 훨씬 전, 비행기는 레이더에 포착됐고
소련 전투기가 두 차례나 출격했다.

다만 4년 전인 1983년 9월, 항로를 이탈한 우리나라의 대한항공 KAL
007 여객기를 격추시켜 거센 국제적 비난에 휘말렸던 악몽 때문에 소
련은 요격하지 않았던 것이었다.

하지만 마침 이날이 소련의 국경수비대 창립 기념일이었기 때문에
이 사건으로 국방 장관과 방공 사령관이 파면되었다.

루스트는 정치적으로 예민했으며, 동서 관계에 관심이 많았다. 1986

년 아이슬란드 레이캬비크에서 열린 미소 정상 회담을 보고 그는 냉전 해소를 위해 뭔가 상징적인 행동이 필요하여 자기가 나섰다고 주장했다. 한편 루스트는 소련에 수감된 지 432일 만에 풀려났다.

1959년 5월 28일

미국, 원숭이를 태운 우주 비행 성공

1948년 미국은 벵골 원숭이를 V-2 로켓에 실어 우주로 보냈다. 1957년 11월에는 소련도 '라이카'라는 이름의 개 한 마리를 스푸트니크 2호에 실어 궤도로 쏘아 올렸다. 하지만 이 동물들은 살아 돌아오지 못했다.

우주로 가서 무사히 돌아온 최초의 동물은 1959년 5월 28일 미국의 주피터 로켓에 탑승했던 벵골 원숭이 에이블과 다람쥐원숭이 베이커이다. 이 원숭이들은 로켓을 타고 약 480km 상공까지 비행한 다음 장장 1,930km의 우주 비행을 마치고 대서양으로 무사히 돌아왔다.

원숭이를 이용한 우주 비행 실험은 미국 최초의 유인 우주 비행을 위한 전 단계로 약 2여 년 동안 준비됐다. 이 계획을 위해 7마리의 원숭이가 미국 항공 우주국NASA에 의해 선발됐다. 그리고 최종적으로 비행에는 '에이블'과 '베이커'가 참여했다.

둘은 우주 비행이 생물체에 미치는 영향에 관한 자료 수집을 위해 각종 기기와 전선을 몸에 감고 있었다. 특히 에이블에게는 최대 속도 1만 6,000km까지의 가속이 기본 임무수행에 영향을 주는지를 알아보기 위해 빨간 불이 켜질 경우 전신기의 키를 누르도록 훈련을 받았다.

한편 에이블은 귀환 며칠 후인 6월 2일, 몸에 붙은 전선을 제거하는 과정에서 사고로 죽었다. 하지만 베이커는 그 후로도 오랫동안 살다가 1984년 11월에 죽었다.

1995년 5월 28일

러시아 사할린, 리히터 규모 7.2의 강진 발생

1995년 5월 28일 새벽 1시 5분, 러시아 사할린 섬 북부 도시 네프테고르스크에서 리히터 규모 7.2의 강력한 지진이 발생했다. 30년 전 유전과 천연가스 개발을 위해 건설된 도시 대부분이 순식간에 폐허로 변했다.

특히 이날 지진은 주민들 대부분이 잠든 새벽에 발생해, 주민들은 미처 피할 겨를도 없이 순식간에 무너지는 건물더미에 깔려 더욱더 인명 피해가 컸다.

러시아 정부는 대규모의 구조대원과 장비를 실은 특별기를 모스크바에서 현지로 급파했다. 또 사고 지역에 수용시설을 만들어 피해 주민들을 긴급 소개시켰으며 의료진들도 속속 현지에 도착해 구조 활동에 들어갔다. 이 지진으로 인해 1,989명이 사망했다.

5월의
모든 역사

5월 29일

■
■
■

1947년 5월 29일

인도 개헌 의회, 카스트에 따른 차별을 폐지하다

태초에 스스로 태어나 존재하는 자인 뿌루샤가 있었다. 그는 깊은 명상을 한 후 인간을 만들기 위해 스스로를 제사 지냈다. 먼저 그의 머리를 제사 지내 브라만을, 팔을 제사 지내 크샤트리아를, 배를 제사 지내 바이샤를, 발을 제사 지내 슈드라를 지었다"

-『인도 신화』

보통 우리가 인도 사회 특유의 신분 제도를 부르는 말로 카스트caste를 사용하고 있는데, 이 말은 '가문' '종족' 등을 뜻하는 포르투갈어인 까스따casta에서 나온 것이다. 까스따는 16세기 이후 포르투갈 사람들이 인도 사람들과 접촉하면서 자기들 기준으로 인도를 판단하고 쓴 말이다.

그들이 인도 사회를 혈통적인 것으로 판단한 것이었지만 실제 인도의 모습과는 많이 달랐다. 인도에는 카스트에 해당하는 말이 없었으며 전통적으로 사회제도의 기본 단위로 바르나varna와 자띠jati를 사용하고 있었다.

바르나는 피부의 '색'을 의미하였고, 정복민과 피정복민의 종족을 구별하는 척도였다. 즉 백인종 계통의 아리안족이 기원전 1500년경부터 인도로 이주하면서 높은 지위를 차지하기 위해 드라비다족을 정복하고 지배해 나가는 과정에서 바르나 제도가 발생하였다.

이것은 점차 브라만(사제)·크샤트리아(왕후, 전사)·바이샤(상인, 농민)·수드라(수공업자, 노예)로 나뉘었고, 여기에도 속하지 못하는 불가촉천민이 생겼다. 결국 바르나는 사회 계급을 구분하는 기준일 뿐이며 실생활 하나하나를 구분하는 기준은 자띠이다.

자띠는 '출생'의 뜻을 가졌으며 바르나와는 다르게 결혼이나 음식 등과 같은 일상생활에 직접적 관계를 갖고 있는 실제 집단이다. 인도 사회가 발전함에 따라 직업·신앙·종족·혈통·경제력 등의 구별에 따라 서로 융합하지 않으려는 배타적이고 폐쇄적인 사회집단이 생겨나게 되었는데, 이들 집단을 가리켜 자띠라고 한다.

우리가 보통 "인도에서는 같은 계급 사람끼리만 결혼할 수 있다."고 할 때의 그 카스트가 바로 자띠를 의미한다. 사람들은 이 자띠를 기준으로 직업을 정하고 자손에게 이어지며 서로 순서를 정하여 결혼과 식생활 등을 규제한다.

바르나는 그 수가 넷으로 정해져 있는 반면에 자띠는 대개 시간과 장소에 따라 따로 정해저 한 마을에 보통 20~30종류로 구성되어 있다. 인도 전체로는 그 수가 2,000~3,000에 이르는 것으로 알려져 있다.

바르나와 자띠 카스트를 개혁하거나 폐지하려는 시도는 옛날부터 있어 왔으나 어느 것도 성공적이지 못하였고 오늘날에도 사회 · 정치적인 문제로 남아 있다. 특히 불가촉천민에 대한 차별은 많은 문제를 일으켰다.

가축 도살 · 도로 청소 · 분뇨 처리 · 이발 · 세탁 등의 일을 맡고 있는 이들은 4계급과 같은 공식적인 명칭이 없을 정도로 사회에서 소외된 집단이다. 하지만 이들은 인도 전체 인구의 15% 정도나 차지하고 있다.

마하트마 간디(Mahatma Gandhi : 1869~1948)는 그들을 구제하기 위해 신의 아들이라는 뜻의 '하리잔'이라는 이름을 붙였다. 그러나 그들은 그 이름에 숨어 있는 동정적 의미에 반발하며 스스로를 핍박받는 자라는 뜻의 '달리트dalit'라 부르고 있다.

인도는 1947년 5월 29일 인도 개헌 의회에서 법률적으로 카스트에 따른 모든 차별을 폐지하고 불가촉천민들을 위한 특별법을 만들었다. 1950년에 공표된 인도 헌법에도 '모든 인도인은 카스트, 성별, 종교, 언어 등에 따라 차별을 받지 않는 평등한 권리를 누릴 수 있다.'고 규정하여 카스트 문제를 해결하려고 시도하였다.

하지만 아직까지도 달리트에 대한 차별이 생활 곳곳에 남아 있다.

1453년 5월 29일

비잔틴 제국, 오스만 제국에게 멸망

동로마 제국의 콘스탄티누스 11세(Constantinus XI : 1405~1453)는 무슬림 적들에게 대항하기 위해 서방에 도움을 요청했으나 허사였다. 콘스탄티노플은 함락될 운명이었다.

1453년 5월 29일, 해가 뜨자마자 술탄의 군대가 난공불락으로 유명한 케르코포르타 성벽의 작은 문을 뚫고 진군하기 시작했다. 시간이 흘러 해가 질 무렵이 되자 약탈당한 도시에 남아 있는 모든 것들은 오스만 병사들의 것이 되었다.

그리스의 86번째 황제였던 콘스탄티누스 11세는 서쪽 성벽 아래에 나 있는 좁은 길에서 전사하였다. 이것으로 1123년이나 지속되었던 기독교도 황제가 동방에서 자취를 감추게 되었다.

그날 늦게 오스만 제국의 술탄 메메드 2세(Mehmed II : 1432~1481)가 들어왔다. 그리고 사흘째 되던 날 성소피아 성당을 이슬람 사원으로 바꾸는 공사가 시작되었다.

4세기 전반 콘스탄티누스 1세(Constantinus I : 274~337)는 로마 제국 동부에 있는 비잔티움을 행정 중심지로 만들면서 콘스탄티노플로 이름을 바꾸었다. 395년에는 테오도시우스 황제(Theodosius I : 347~395)가 두 아들에게 로마 제국을 나누어주었다.

비잔틴 제국은 6세기에 '잠자지 않는 황제' 유스티니아누스 1세(Justin I : 450~527)에 이르러 옛 로마의 영광을 다시 드러낼 수 있었다. 그는 아프리카의 반달 왕국, 이탈리아의 동고트 왕국, 스페인의 서고트 왕국을 차례로 정복하였다. 그리고 세금 정책을 개혁하고, 로마법을 법전화시켜 「유스티니아누스 법전」을 편찬하였다. 이것은 이후 유럽 민법에 큰 영향을 주었다.

7세기에 들어 비잔틴 제국은 공용어를 라틴어에서 그리스어로 바꾸고 국방을 철저히 하였다. 하지만 이슬람의 군대가 쳐들어와 674년 무렵에는 콘스탄티노플이 아랍 군대에 포위되기도 하였다. 이후 11세기에도 살라딘(Saladin : 1138~1193)의 침입을 받았지만 십자군의 도움으로 극복하였다. 하지만 오히려 1204년에 제4차 십자군에게 콘스탄티노플을 점령당하기도 하였다.

1261년 미카일 8세(Michael VIII : 1224?~1282)가 콘스탄티노플을 회복하여 제국은 다시 이어졌지만 1453년 오스만 제국의 침입으로 결국 망하게 되었다.

* 330년 5월 11일 '콘스탄티누스 1세, 콘스탄티노플을 수도로 정하다' 참조
* 1204년 4월 12일 '제4차 십자군, 비잔틴 제국의 콘스탄티노플을 점령하다' 참조

1953년 5월 29일

뉴질랜드 탐험가 힐러리, 세계 최초로 에베레스트 산을 오르다

뉴질랜드 탐험가 에드먼드 힐러리(Edmund Percival Hillary : 1919~2008)와 네팔의 셰르파였던 텐징 노르게이(Tenzing Norgay : 1914~1986)

는 세계 최초로 최고봉인 에베레스트 산의 정상을 밟았다.

미국의 로버트 피어리(Robert Edwin Peary : 1856~1920)가 북극을, 노르웨이의 로알 아문센(Roald Amundsen : 1872~1928)이 남극을 탐험하자 영국은 마지막 남은 극지인 에베레스트 산 정상을 탐험하려고 모든 힘을 다했다.

그래서 1921년 이후 영국은 무려 아홉 차례에 걸쳐 탐험대를 파견하였지만 모두 실패했다. 1952년에 스위스 탐험대가 정상을 250m 앞둔 지점까지 올라가자 초조감은 더해갔다. 하지만 마침내 1953년 5월 29일 오후 11시경 뉴질랜드 출신의 영국 원정 대원 힐러리가 에베레스트 산 정상에 올랐다.

그가 영국 · 네팔 · 인도 · 유엔의 국기를 피켈에 매달고 사진을 찍은 뒤 내려오자 영국은 크게 환호하였다. 힐러리는 그 공로로 엘리자베스 여왕으로부터 기사 작위를 받았다.

언론은 대중들의 흥미를 끌기 위해 힐러리와 텐징을 찾아가 누가 먼저 밟았는지를 계속 물어보았다. 텐징은 다음과 같이 말했다.

"저희가 산에서 내려오자 사람들은 '누가 먼저 정상에 발자국을 찍었는가?'라는 어리석은 질문을 많이 해 왔습니다. 누군가는 저라고 하고 누군가는 힐러리라고 했습니다. 우리는 '거의' 같이 도착했다고 발표했습니다. 그런데 또 묻더군요. '거의'라는 말을 해명하라고 하면서요."

* 1975년 5월 16일 '일본의 다베이 준코, 여성 최초로 에베레스트 산 등정 성공' 참조

* 1978년 5월 8일 '라인홀트 메스너, 세계 최초로 에베레스트 산 무산소 등

정 성공' 참조

영국, 제1회 런던 마라톤 대회 개최

1956년 멜버른 올림픽 장애물 경기에서 금메달을 받은 크리스 브래셔(Chris Brasher : 1900~2003)의 주도로 런던 마라톤 대회가 시작되었다.

1981년 5월 29일에 열린 제1회 대회에는 7,747명이 참가하여 6,255명이 완주하였으며, 미국의 딕 비어즐리와 노르웨이의 잉에 시몬슨이 2시간 11분 48초의 기록으로 양손을 잡고 결승선을 같이 들어왔다.

이 대회는 매년 4월 셋째 토요일 런던에서 개최되며, 참가자가 많은 대회로 유명하다. 또한 이 대회는 마스터스 참가자들로부터 자선기금을 모금하는 것이 특징이다. 그래서 참가자는 참가비 이외에 자선기금을 내야만 마라톤에 참여할 수 있다.

이 대회는 현재 미국의 보스턴과 뉴욕, 네덜란드의 로테르담 마라톤 대회와 함께 세계 4대 마라톤 대회로 꼽힌다.

5월의
모든 역사

5월 30일

∎
∎
∎

1588년 5월 30일

스페인 무적함대의 마지막 배가
영국 해협을 향해 출항하다

1588년 영국과 스페인 사이에 벌어졌던 전쟁은 엘리자베스 1세와 펠리페 2세의 싸움이었다. 스페인 국왕 펠리페 2세는 영국 여왕 엘리자베스 1세의 이복 언니인 '피의 메리' 메리 1세의 남편이었다. 그래서 이 전쟁은 형부와 처제 사이의 싸움이기도 했다.

그러나 더 중요한 것은 이 전쟁의 이면에는 종교가 숨어 있었다. 당시 무적함대를 보유한 강력한 스페인은 가톨릭 국가였고, 영국은 신생 프로테스탄트 국가였다. 그래서 무엇보다도 가톨릭과 개신교 두 진영을 대표하는 싸움이었다.

이 전쟁의 결과로 인해 영국과 스코틀랜드에서 종교개혁이 안정적으로 자리 잡게 되었다.

1492년 10월 크리스토퍼 콜럼버스(Christopher Columbus : 1451~1506)
가 아메리카 대륙을 발견한 이후로 스페인은 카를로스 1세(Carlos Ⅰ :
1500~1558), 펠리프 2세(Felipe Ⅱ : 1527~1598)에 이르러 전성기를 맞이
하였다.

하지만 펠리프 2세의 후반기로 갈수록 해외 무역에서 영국이 대두하
고, 스페인 국내의 정치와 경제는 쇠퇴하였다.

그래서 '피의 메리' 메리 1세(Mary I : 1516~1558)의 남편이기도 한 펠
리프 2세는 전함 127척, 수병 8,000명, 육군 1만 9,000명, 대포 2,000문
으로 이루어진 대大함대를 만들었다. 스페인령 네덜란드의 일부인 네덜
란드 공화국에 대한 영국의 지원을 억제하고, 신세계에 있는 스페인령
영토와 대서양 보물 선단에 대한 영국의 공격을 차단하기 위해서였다.
이른바 스페인 무적함대가 탄생한 것이다.

무적함대는 옛 스페인어로는 'Grande y Felicisima Armada'라고 하며,
이는 '위대하고 가장 행운이 있는 함대'라는 의미이다.

원래 스페인 무적함대는 많은 경험을 갖고 있었던 알바로 데 바산
(Alvaro de Bazan : 1526~1588)이 지휘하기로 되어 있었다. 하지만 출
항 몇 달 전인 1588년 2월에 그가 사망하였기 때문에 메디나 시도니아
(Medina Sidonia : 1550~1619) 공작이 임용되었다. 교황 식스토 5세(Sixtus
V : 1520~1590)도 상륙 보상금 계약을 통해 원정을 지원하였다. 그리고
마침내 1588년 5월 30일 시도니아 공작의 지휘하에 영국 해협을 향해
출항하였다.

계획은 영국 해협을 지나 네덜란드 육군 1만 8,000명과 합류하여 영
국 본토에 상륙하는 것이었다. 그래서 스페인 테르쇼의 파르마 공작은
스페인령 네덜란드에서 북해를 지나 영국 남동 지방에 상륙하기 위해

무적함대의 호위를 기다리고 있었다.

이에 영국의 엘리자베스 1세(Elizabeth I : 1533~1603)는 찰스 하워드(Charles Howard : 1585~1619)경卿을 사령관으로 임명하고, 전함 80척, 병력 8,000명을 내 주면서 무적함대를 방어하도록 하였다. 영국 함대는 수적으로 열세였으나 기동력이 뛰어나고 선원들은 잘 훈련되어 있었다.

영국 해협으로 가는 도중에 무적함대는 영국 함대의 공격을 받기도 하였지만 항해를 강행하여 프랑스와 스페인령 네덜란드 사이의 연안 경계 지역인 그라블리느 남해의 넓은 수면에 정박했다. 그곳에서 파르마 공작이 지휘하는 군대와의 연락을 기다리기로 계획했던 것이었다.

하지만 무적함대는 8월 7일 칼레 연해에서 영국군의 화공火攻에 의한 야습으로 타격을 입어 대열을 잃고 흩어지게 되었다. 뒤이어 벌어진 그라블리느 전투에서도 영국 함대의 결정적인 공격을 받아 함선을 더 잃게 되었으며, 이 결과로 스페인은 파르마 공작 군대와의 집결을 포기하게 되었다.

무적함대는 뿔뿔이 흩어져서 남쪽으로 퇴각하기 시작했다. 이 과정에서 영국 남쪽 해안 지역에서도 영국 함대의 습격을 받았다. 무적함대는 스코틀랜드 주위로 항해하여 대서양으로 나간 후 아일랜드를 지나스페인으로의 퇴각을 시도했다.

그러나 도중에 큰 폭풍을 만나 함대의 일부가 손상되었으며, 배 24척 이상이 아일랜드 북부 및 서부 해안에서 난파되어, 난파된 배의 생존자들은 스코틀랜드로 피난해야만 했다. 결국 무적함대의 초기 보완선 중약 50여 척은 스페인으로 돌아오지 못하였다.

무적함대의 패배는 스페인의 해상 무역권을 영국에 넘겨주고 네덜란드가 독립하는 계기가 되었다.

1913년 5월 30일

제1차 발칸 전쟁 종결을 위한 런던 강화 조약 체결

발칸 반도는 19세기 초까지만 해도 오스만 제국이 지배하고 있었다. 하지만 1829년 그리스 독립을 시작으로 많은 발칸 반도 국가가 자치령으로 바뀌거나 독립을 하였다.

그러나 1908년에 청년 투르크당이 혁명을 일으키자 발칸 반도 국가들이 긴장하게 하였다. 왜냐하면 청년 투르크당은 당시 헌법에 나타난 "모든 민족에 의한 평등"을 "투르크인에 의한 평등"으로 슬로건을 바꿨기 때문이었다.

게다가 러시아와 오스트리아-헝가리 제국으로 인해 많은 영토를 잃은 오스만 제국은 다시 영토를 회복하려는 생각을 가지고 있었다. 발칸 반도 국가들은 당연히 긴장할 수밖에 없었다.

또 오스트리아-헝가리 제국은 보스니아 헤르체고비나를 합병했기 때문에 더욱 위기감을 가질 수밖에 없었다. 그래서 그리스, 세르비아, 몬테네그로, 불가리아 등 발칸 반도 국가들은 발칸 동맹을 결성하기로 결정하였다.

이 와중에, 1911년에 이탈리아와 투르크 간에 전쟁이 터져 오스만 제국이 지게 되자 발칸 반도 국가들은 오스만 제국의 힘이 약해졌다고 보고 자신감을 갖게 되었다. 그래서 러시아 제국의 지원을 받은 몬테네그로의 선전포고로 발칸 동맹의 회원국들과 오스만 제국 사이에 1912

년 10월 8일 제1차 발칸 전쟁이 시작되었다.

전쟁은 발칸 국가들의 승리로 끝나고, 1913년 5월 30일 제1차 발칸 전쟁을 종결하기 위한 런던 강화 조약이 체결되었다.

그리고 오스만 제국은 이 조약에 따라 이스탄불 주변을 제외한 유럽의 영토를 빼앗겼고, 크레타 섬을 할양하였다. 또한 알바니아의 독립에 합의하였다.

* 1913년 6월 29일 '제2차 발칸 전쟁 발발' 참조

─

1972년 5월 30일

일본 적군파, 텔아비브 공항 테러 자행

─

1972년 5월 30일, 일본 적군파 소속의 무장 게릴라 3명이 이스라엘 텔아비브 근교 로도 공항 구내에 수류탄과 자동소총을 무차별로 난사해 26명이 숨지고 73명이 다쳤다. 적군파는 팔레스타인 인민 해방 전선PFLP과의 합의 아래 이 테러를 자행했으며, PFLP는 성명을 발표하여 이스라엘군의 기습 공격으로 사살된 동지들에 대한 보복이라고 밝혔다.

범인들 가운데 2명은 수류탄으로 자살하거나 동료가 쏜 총에 맞아 현장에서 죽었고 나머지 1명은 체포됐다.

적군파는 일본에서 '안보 투쟁'이 한창이던 1960년대 말 세계 동시 혁명을 지향하는 '국제 근거지론'를 내걸고 결성된 국제 테러 집단으로, 중동 분쟁에까지 뛰어들어 PFLP와 함께 반이스라엘 투쟁을 벌여 왔다.

이날 체포된 오카모토 고조는 적군파의 여성 지도자 시게노부 후사코(重信房子 : 1945~)의 권유로 레바논 베이루트의 게릴라 캠프에서 훈련을 받고 범행에 가담하였다.

그는 복역 중이던 1985년, PFLP에 잡혀있던 이스라엘 장교와 포로 교환으로 석방돼 레바논 베카 계곡을 거점으로 활동하다가 1997년 다시 검거됐고, 시게노부 역시 2000년 일본에서 체포됐다.

* 2001년 4월 14일 '일본 적군파, 해산 공식 선언' 참조

2003년 5월 30일

미얀마, '디페인 학살 사건' 발생

2002년 5월 6일 가택 연금에서 풀려난 아웅 산 수 치(Aung San Suu Kyi : 1945~)는 6월 11일부터 전국에 흩어져 있는 소수 민족 지역을 순방하며 강연회를 진행하였다. 그러던 2003년 5월 30일, 미얀마의 디페인 지역의 한 마을에서 아웅 산 수 치 여사와 민족 민주 동맹NLD의 지도부를 겨냥한 것으로 보이는 테러가 일어났다. 이른바 '디페인 학살 사건'이었다.

아웅 산 수 치와 NLD 부의장인 우틴우(U Tin Oo : 1927~)는 그 지역에서 무사히 탈출했지만, 이 사건으로 70여 명이 살해되고 200여 명이 부상을 입었으며, 상당수의 주민이 실종되었다.

이 사건을 시작으로 미얀마 군사 정부는 대대적인 야당에 대한 탄압을 자행하여 단 며칠 동안에 총 256명을 체포하고 100여 명을 감금하

였다. 또한 이 사건을 빌미로 전국의 NLD 사무소를 폐쇄하고 주요 대학에 휴교령을 내렸으며, 아웅 산 수 치는 세 번째 가택연금을 당했다.

현재까지도 미얀마 군사 정부는 정확한 희생자 숫자와 책임자가 누구였는지에 대해 진상 규명을 하고 있지 않으며 이를 요구하는 국제사회의 요구도 받아들이지 않고 있다.

5월의
모든 역사

5월 31일

1902년 5월 31일

영국과 보어인 사이의
제2차 보어 전쟁이 종결되다

조용한 '농업 독립국'으로 남을 법했던 트란스발 공화국과 오렌지 자유국의 운명을 바꾼 것은 다이아몬드였다. 1866년 오렌지 강 연안에서 21캐럿짜리 초대형 다이아몬드 원석이 발견되면서 사람들은 자신이 농사짓고 있는 발밑에 초대형 다이아몬드 광맥이 있다는 사실을 알아챘다. 또 프레토리아 지역에서는 무려 '3,025캐럿'이라는 역사상 최대 크기의 다이아몬드도 발견됐다.

이 같은 '노다지 판'을 영국이 가만 놔둘 리가 없었다. 1868년 영국은 2개의 독립국에서 발견된 다이아몬드 광산을 차지했고, 역대 최대 크기의 다이아몬드는 영국 여왕의 왕관을 장식하는 보석이 돼버렸다. 또 영국의 식민지 개척가 세실 로즈는 남아프리카의 대규모 광구를 사들이면서 '드비어스'라는 광산 회사를 설립했다.

그리고 이어 네덜란드계 독립국인 트란스발 공화국을 전복시키기 위한 활동에 들어갔고, 이는 보어 전쟁을 촉발했다.

사상 최대 크기 다이아몬드와 대규모 다이아몬드 광산의 발견은 대규모 인종 갈등과 전쟁이라는 피로 얼룩졌던 것이다.

　　1815년 프랑스와 벌인 워털루 전투에서 승리한 영국은 초강대국으로 자리매김하면서 네덜란드로부터 아프리카 남단의 케이프 식민지를 획득했다. 하지만 이곳으로 대거 진출하기 시작한 영국인들과 일찍부터 이곳에서 정착하여 농업에 종사하고 있던 네덜란드계 남아프리카 이주민인 보어인들과의 충돌이 불가피해졌다.

　　보어인들은 영국과의 충돌을 피해 남아프리카 북쪽 지방으로 집단 이주하여 그곳에 트란스발 공화국과 오렌지 자유국을 세웠다. 하지만 영국이 이들의 독립을 인정하지 않자 보어인들은 자치권 독립을 외치며 영국과의 전쟁을 선언했다. 그래서 1881년부터 1884년에 걸쳐 제1차 보어 전쟁이 벌어졌다.

　　전쟁 결과, 영국의 종주권과 트란스발 공화국의 독립을 함께 인정하는 런던 협정을 맺어 양국 관계는 평온을 되찾는 듯하였다. 하지만 1886년 트란스발 공화국에서 금광이 발견되고 오렌지 자유국에서 다이아몬드가 발견되자 이를 차지하려는 영국의 내정 간섭이 차츰 노골화됐다.

　　양국 간 수차례의 협상에도 원만한 해결책을 찾지 못하고 계속해서 갈등을 빚자, 마침내 1899년 10월 11일 트란스발 공화국과 오렌지 자유국의 연합군으로 구성된 보어인 민병대가 영국군이 점령하고 있던 나탈 주를 전격적으로 침공하였다. 하지만 고도로 훈련받은 엄격한 대영제국 군대를 엉성하기 그지없는 보어인 민병대가 이길 수는 없었다.

　　결국 1902년 5월 31일 민족 전멸의 위기에 처한 보어인이 영국에 항복함으로써 3년여에 걸친 제2차 보어 전쟁이 막을 내렸다.

　　전쟁 기간 동안 영국은 철저한 전멸 전법을 취했다. 인구 50만 명의 보어인을 정복하기 위하여, 45만 명의 군인을 동원하여 보어인의 전

답·가옥을 불사르고, 21만의 비전투원을 강제적으로 집단수용소에 집어넣었다. 강제수용소의 설비·대우는 최악의 상태로써 약 2만여 명의 사망자를 내기까지 하였다. 영국은 두 나라를 영국령 식민지로 함으로써 남아프리카를 완전히 정복하였다.

하지만 전쟁에서는 이겼지만 엉성하기 짝이 없는 민병대를 상대로 영국군의 피해가 너무 컸다는 사실 때문에 영국 본토의 여론은 들끓었다. 한편에서는 반전 운동이 고조되어 자유당의 데이비드 로이드 조지(David Lloyd George : 1863~1945) 같은 제국주의 정책의 반대론자가 활동하는가 하면, 또 한편에서는 정부를 중심으로 국왕 특별조사단이 구성되어 군을 현대화하는 계기로 만들었다.

영국 정부를 당혹스럽게 한 점은 이 뿐만이 아니었다. 영국의 잔인성에 대해 세계 여론의 집중 포화를 받았다. 국제적으로도 유럽의 내부 대립에 대해 방관하던 '영광의 고립' 정책을 버려야 했다. 또한 남아프리카에서 보어인의 생활 부흥을 위하여 300만 파운드의 보조금을 내주고 그들의 자치를 인정해야만 했다.

—

1859년 5월 31일

영국의 대형 시계 빅벤 설치

—

1859년 5월 31일 영국 런던 웨스트민스터 의사당의 대형 시계 빅벤이 처음으로 움직이기 시작했다. 96m 높이에 설치된 빅벤은 유지 보수를 위해 또는 악천후나 새떼 충돌로 인해 간헐적으로 멈춘 적이 있지만 150년간 국제 표준시를 정확히 가리켜 왔다.

빅벤의 폭은 7m에 이르고 분침의 길이는 4m로, 1년에 190km를 여
행한다. 시계 밑에는 라틴어로 '주여 빅토리아 여왕을 구원하소서.'라는
글귀가 새겨져 있다.

현재 시계가 자리 잡고 있는 탑은 1843년 화재 이후 건축가 찰스
배리(Charles Barry : 1795~1860)와 어거스터스 푸긴(Augustus Welby
Northmore Pugin : 1812~1852)에 의해 의사당이 재건축되면서 세워졌다.

누가 시계를 제작할지를 놓고 치열한 경쟁이 붙어 제작자를 결정하
는 데에만도 7년이나 걸렸다. 결국 찰스 다윈(Charles Robert Darwin :
1809~1882)이 탔던 남아메리카 해안 조사선 비글호의 항해용 시계를
제작했던 에드워드 덴트(Edward John Dent : 1790~1853)가 시계 제작을
맡았다. 시계는 2,500파운드를 들여 1854년에 완성됐지만 탑을 완성하
는 데에는 5년이 더 소요됐다.

빅벤이라는 이름은 처음에는 시계탑의 종을 뜻하는 말이었으나 이
후 시계탑과 시계를 통칭하는 말로 바뀌었다. 빅벤이란 이름의 기원은
분명치 않다. 1850년대 헤비급 권투선수 벤 카운트의 이름에서 왔다는
설도 있고 전 국회의원인 벤자민 홀 경의 이름에서 왔다는 설도 있다.
벤자민 홀 경은 1859년 행정관으로 근무했을 때 빅벤 제작 지시를 담
당했다.

빅벤의 종소리는 현재 영국의 TV나 라디오 뉴스 시보로 사용되고 있
으며, 2008년에는 영국에서 가장 유명한 기념물로 선정됐다.

1915년 5월 31일

독일, 영국 런던에 최초로 쩨펠린 비행선 공습

1915년 5월 31일, 영국의 런던 시민들은 달이 환하게 비추는 음산한 밤하늘에 타원형의 그림자가 나타나는 것을 목격했다. 바로 독일의 쩨펠린 비행선 LZ-37호였다. 당시에 런던 시민들은 비행기나 비행선을 구경해 본 적이 없는 사람이 대부분이었기 때문에 그것이 무엇인지 아무도 몰랐다.

하지만 곧 귀를 찢는 폭음이 런던 시내 곳곳에서 터져 나오면서 불길이 타올랐다. 이날의 최초 공습 성과는 미미했으나 그 심리적인 효과는 대단한 것이었다. 런던 시민들은 그것이 독일의 폭격 비행선이라는 것을 알게 되면서 공포에 빠져들었다. 이것은 영국 본토도 이제 전쟁권에 들었음을 의미하는 사건이었다.

쩨펠린 비행선은 제1차 세계 대전 당시 독일이 개발한 회심의 신무기였다. 주로 영국 폭격에 사용되었으며, 최대의 폭탄 적재량을 자랑했다. 이후 많은 개량형이 개발되어 폭격 임무에 투입되었다.

1915년 9월에는 다른 쩨펠린 비행선이 다시 런던 상공에 나타났다. 쩨펠린 LZ-13호는 런던 폭격을 성공적으로 감행하여 13명의 런던 시민이 사망하고 87명이 부상했다.

이후 점점 쩨펠린의 공습이 증가하게 되었고, 1916년 9월 2일에는 런던에 14척의 쩨펠린이 출현하여 폭격을 감행했으며 수백 발의 폭탄이 투하되었다. 밤하늘을 울리는 폭탄의 굉음과 멀리서도 보이는 불빛은 런던 전체를 아비규환의 소용돌이로 몰아갔다.

이 공습으로 런던 시민 수백 명이 사상하고, 여러 군수 공장이 대파
되는 피해가 있었다.

* 1937년 5월 6일 '독일 비행선 힌덴부르크호 공중 폭발' 참조

━

1891년 5월 31일

러시아, 시베리아 횡단 철도 착공

━

시베리아 횡단 열차는 모스크바와 블라디보스토크 간 9,466km를 관통하
는 세계에서 가장 긴 철도로 지구 둘레의 4분의 1에 가까운 거리이다.

러시아는 1858년과 1860년에 걸쳐 청나라와 맺은 아이훈 조약과 베
이징 조약으로 시베리아 진출이 가능해지자 알렉산드르 3세(Aleksandr
Ⅲ : 1845~1894)의 구상에 따라 1891년 5월 31일 시베리아 횡단 철도를
착공하였다.

유럽에서 차관을 빌려 시작된 이 공사는 1897년에 첼랴빈스크와 이
르쿠츠크를 연결하는 구간이 개통되었으며, 1916년 착공 25년 만에 최
종 완성되었다. 그리고 1937년에는 전 구간의 복선화가 완성되었다.

중국과의 무역 확대, 부동항 개척뿐만 아니라 군사적인 목적도 가지
고 있는 이 철도가 완성됨에 따라 철도에 의한 이민이 증가되었으며,
자원의 보고인 시베리아가 본격적으로 개발되기 시작했다.

5월의 모든 역사_세계사

초판 1쇄 인쇄 2012년 5월 1일
초판 1쇄 발행 2012년 5월 5일

지은이 이종하

펴낸이 김연홍
펴낸곳 디오네

출판등록 2004년 3월 18일 제313-2004-00071호
주소 121-865 서울시 마포구 연남동 224-57
전화 02-334-7147   **팩스** 02-334-2068
주문처 아라크네 02-334-3887

ISBN 978-89-92449-89-2 03900